U0548868

本成果受到中国人民大学2019年度
"中央高校建设世界一流大学（学科）和特色发展引导专项资金"
支持

Trade, Finance and
International Currency
Theoretical Framework and
Empirical Evidence

贸易、金融和货币国际化
理论框架和实证证据

芦 东 李乐珊 朱 莹／著

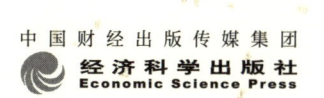

中国财经出版传媒集团
经济科学出版社
Economic Science Press

前言 Preface

　　国际间的经贸活动和金融交易与国内的经济金融活动类似，需要使用货币作为交易媒介，而货币的主要职能是为"高速运转的经贸车轮里增加润滑剂"。尽管全世界范围内有上百种的不同货币，但往往只有少数几种货币甚至仅仅某一种货币被国际间的经贸和金融交易所接受。19世纪后期以来，英镑一直扮演着国际货币的角色。1914年之后，尤其是20世纪40年代布雷顿森林体系建立以来，美元逐渐取代英镑成为最重要的国际货币，在国际贸易、金融、投资和储备等方面起到重要作用。21世纪以来，随着中国经济的崛起和人民币国际化进程的加快，国际贸易和金融活动中的货币选择，以及国际货币体系的未来发展方向等问题，引起了政策制定者和经济学家的广泛关注。

　　通常而言，国内法定货币的使用，得到了国内相关法律的保障。但是，国际货币的兴起和衰落往往是市场这只"看不见的手"在起作用。经济学家经常会提出这样的问题：具备什么特征的国内货币才能成为国际范围内被广泛接受的货币？是否存在多种国际货币的共存和相互竞争？随着国际经济金融一体化进程的加快，一种新的国际货币（如欧元或者人民币）如何兴起？国际货币体系是继续由一国货币占主导地位还是最终会向多极化的方向发展？这些都是国际经济学和国际金融研究领域的重要问题，诸多著名的经济学家如麦金农、金德尔伯格、克鲁格曼等都曾对此进行了大量的研究和论述。

　　然而，已有研究主要关注一个国家的经济规模和开放程度，认为只要一个国家经济强大和足够开放，并且汇率较为稳定，外汇市场流动性充足,其货币就能在国际贸易和金融活动中被广泛使用。但是,这些现有研究忽略了金融因素,尤其是国内金融市场的发展不足等因素。这些理论没有办法解释为何美元的崛起远远落后于美国经济的崛起和开放,同样地,也无法解释为何人民币的国际使用滞后于其经济崛起和对外开放。与这些研究不同的是,美国加州大学伯克利分校经济学教授艾肯格林(Eichengreen,2011)较早就敏锐地发现,美国国内债券市场,尤其是贸易信贷市场,对美元崛起的历史起到了至关重要的作用。随后,哈佛大学经济学教授戈平纳斯(Gopinath,2015)也对货币在国际贸易中的使用与贸易信贷的关系提出了研究提议。基于这样的背景,我们撰写此书,旨在探索贸易、金融和货币国际化的内在关系,通过严谨的理论分析和扎实的实证证据,考察国际贸易和金融中的货币选择问题上,并将分析的重点放在金融因素对货币选择影响方面。

国际货币的研究是一个"大"问题,不可能由一本"小"书来进行面面俱到的论述。本书把侧重点放在国际贸易、金融活动中的货币选择问题上,并兼论人民币国际化进程以及对国际货币体系发展趋势的影响。本书的主要特点是,构建一个分析国际贸易和国际金融中货币内生选择的理论框架,其中重点考虑金融市场发展等金融因素对货币选择的影响,并结合最新的大数据进行实证方面的研究。在这个理论框架下,出口商的生产和贸易需要银行的贸易融资,然后出口商会根据预期收益的不同而选择不同的货币,出口商的内生货币选择会影响银行资产组合中的货币持有,而银行的货币持有会通过影响货币流动性而进一步影响出口商的货币选择。这个理论模型首次在开放经济货币内生选择模型中加入了银行部门和贸易融资,可以用来分析宏观、行业、企业、金融等因素对货币国际化的影响,并进行福利分析。同时,本书也结合宏微观层面的大数据对模型的推断进行了检验。本书的理论分析和实证证据可以为人民币国际化的推进和国际货币体系改革提供决策依据。

本书内容共分为5章。第1章介绍了国际货币的研究背景,并对国际货币研究领域的问题和方法进行了梳理。第 2 章和第 3 章是本书理论分析和实证研究的重点，也是本书的核心。其中，第 2 章对贸易、金融和货币国际化进行了宏观实证分析，并构建宏观理论模型；第 3 章对贸易、金融和货币国际化进行了微观实证分析，并构建微观理论模型。第 4 章从历史经验的角度，对主要国家如何采用金融开放政策促进本币国际化及其经验和教训进行了回顾和梳理，并且探讨了全球政策协调对于货币国际化的作用。第 5 章对人民币国际化的最新情况进行了梳理和分析。

这里要特别感谢中央财经大学刘韬老师。作为本书作者的长期合作研究者，本书第 2 章和第 3 章的主要内容和核心思想都是来自作者与刘韬老师长期的共同探索和讨论。同时，也要感谢其他合作者：中国人民大学财政金融学院刘尔卓、刘家琳、周梓楠老师；美国夏威夷大学王亮老师；对外经济与贸易大学金融学院周行老师；南开大学金融学院夏天老师；美国加州大学戴维斯分校胡永泰老师。本书第 2 章、第 4 章、第 5 章的相关内容，都得益于本书作者与合作者们的研究。中国人民大学财政金融学院为作者撰写此书提供了很好的科研环境和相关支持，在此表示衷心的感谢。感谢中国人民大学财政金融学院同事们之间的交流和讨论，尤其是何青、刘泽豪、王芳、涂永红、钱宗鑫、朱文宇等老师。感谢徐文君和夏雨出色的助研工作。

芦东
2020 年 2 月

目录 Contents

第1章 导论 ··· 1
  1.1 背景 / 1
  1.2 研究问题和研究方法 / 2
  1.3 本书结构 / 4
  1.4 相关文献综述 / 7
      1.4.1 实证方面的相关文献 / 7
      1.4.2 理论方面的相关文献 / 9

第2章 贸易、金融和货币国际化的宏观证据与理论分析 ······ 13
  2.1 引言 / 13
  2.2 基于SWIFT数据的宏观证据 / 18
      2.2.1 制度背景：贸易融资 / 19
      2.2.2 数据 / 20
      2.2.3 实证模型 / 22
  2.3 对贸易、金融和货币国际化的理论分析 / 26
      2.3.1 模型环境设定 / 26
      2.3.2 讨论 / 28
      2.3.3 价值函数与最优决策 / 29
      2.3.4 国际贸易中的货币均衡 / 34

第3章 贸易、金融和货币国际化的微观证据与理论分析 ······ 37
  3.1 引言 / 37
  3.2 基于企业微观层面的实证证据 / 39

        3.2.1　数据和特征 / 39
        3.2.2　初步评估货币选择 / 47
        3.2.3　实证研究及结果 / 51
        3.2.4　经济意义 / 63
    3.3　金融约束下的出口企业结算货币选择的理论分析 / 65
        3.3.1　模型背景 / 65
        3.3.2　期望利润和内生货币选择 / 67
    3.4　结论 / 70

第4章　金融政策与货币国际化：历史经验 73

    4.1　主要国家的金融政策和其本币国际化 / 73
        4.1.1　英国：金融改革打造自由开放的金融市场 / 73
        4.1.2　美国：金融开放促成美元体系 / 75
        4.1.3　日本：美国压力下实现的快速金融自由化 / 81
        4.1.4　德国：稳健的政策保证稳健的金融开放 / 85
        4.1.5　对中国的借鉴意义 / 87
    4.2　政策协调与货币国际化 / 90
        4.2.1　全球政策协调概述 / 90
        4.2.2　中美宏观政策协调对人民币国际化的意义 / 93
        4.2.3　中美政策协调的重点：货币政策、汇率政策和贸易政策 / 95
        4.2.4　积极发挥国际货币基金组织在国际政策协调中的作用 / 100

第5章　人民币国际化及相关启示 105

    5.1　人民币国际化现状 / 105
        5.1.1　跨境贸易人民币结算和相关政策 / 107
        5.1.2　金融交易与资本账户开放 / 111
        5.1.3　储备货币和央行货币互换 / 117
    5.2　人民币国际化与人民币汇率形成机制改革 / 120
    5.3　对人民币国际化的启示 / 126

参考文献 / 131

第1章 导 论

1.1 背景

2008年国际金融危机以来，国际货币体系的内在缺陷引起了学术界和政策界的广泛关注。此次金融危机的一个深层原因便是以美元为主导的单一国际货币体系，这不仅导致美国自身产业空心化、金融市场畸形发展，同时也将起源于美国的金融危机迅速传导至世界各国，增加了危机的深度与广度。面对这一情况，世界各国政府在金融危机之后逐步加强合作，共同促进建立多元化的国际货币体系。在此背景下，本书从理论与实证的角度系统分析国际贸易和国际金融中的货币使用，并兼论货币国际化等问题。

国际贸易和金融的货币使用是国际经济学和国际金融领域的一个重要且尚未研究清楚的问题。首先，国际贸易中使用哪国货币直接关系到汇率传递率；其次，国际贸易中的货币使用会影响到最优货币政策和汇率制度的选择；最后，一国货币的国际化是从国际贸易中的货币使用开始起步的，之后才是在金融市场和储备货币中的使用。国际贸易中的货币选择和使用与国际金融中的货币选择和使用相辅相成，互相加强。但是，已有研究主要关注一个国家的经济规模和开放程度，认为只要一个国家经济强大和足够开放，并且汇率较为稳定，外汇市场流动性充足，其货币就能在国际贸易中广泛使用。但是，已有研究忽略了金融因素，尤其是国内金融市场的发展，因此已有研究没有办法解释为何美元的崛起远远落后于美国经济的崛起和开放，同样地，也无法解释为何人民币的国际使用滞后于中国经济的崛起和对外开放。本书旨在研究贸易、金融和货币国际化的内在关系，从实证和理论的角度考察国际贸易和金融中的货币选择，并将分析的重点放在金融因素对货币选择的影响上。本书除了提供贸易、金融和货币国际化方面的宏观实证证据以外，还利用最新的公司层面微观大数据进行实证研究。

近十年来，人民币在国际贸易和全球金融市场上已经开始扮演越来越重要的角色。中国自2009年以来加快推进人民币国际化，具体措施包括与外国央行签署货币互换协议、促进香港等地的离岸人民币市场发展、设立海外清算行以及逐步有序开放金融市场等。毫无疑问，人民币国际化程度日益提高，相关政策成果丰硕，其中具有代表性的里程碑事件就是2016年10月1日人民币加入国际货币基金组织（IMF）特别提款权（SDR）货币篮子。同时也应看到，人民币国际化是一项长期的系统性工程，短期之内难免存在波折，特别是2015年8月11日人民币汇率制度改革以来，尤其是近期中美贸易摩擦升级，中国经济的系统性风险有所加剧，人民币国际化进程有所放缓，所有这些实践情况都要求对人民币国际化进行系统性的衡量、梳理和总结。本书将根据理论分析和实证证据，分析和梳理人民币国际化的推进及其对国际货币体系的影响，得出未来进一步推进人民币国际化的启示。

1.2 研究问题和研究方法

对国际货币的研究是国际经济学中古老的话题之一。从实证方面看，研究者更多的是采用央行调查的国别数据，如坎普斯（Kamps, 2006）、高柏和铁勒（Goldberg and Tille, 2008）、伊托和钦（Ito and Chinn, 2013）、戈皮纳斯（Gopinath, 2015）等的研究，但是，目前还没有使用国与国之间的宏观数据和企业层面的微观数据进行国际贸易及金融活动中的货币选择研究。从这个角度看，本书的实证研究将从宏观和微观两个层面对国际货币问题进行前人所没有尝试过的探索。从理论方面看，在传统的开放条件下的宏观经济学分析中，如奥布斯费尔德和罗格夫（Obstfeld and Rogoff，1995）所作的研究，一般都假定出口商按照本国货币定价，而忽略了出口商自主的内生货币选择。以清泷和莱特（Kiyotaki and Wright，1989）开创性的货币搜索模型为基础，货币经济学开始运用更加注重微观基础的模型来解释货币的存在及其福利影响。货币搜索模型尤其适合于研究在国际货币体系中为何多种货币共存，或者一种货币如何替代另一种货币等问题。松山等（Matsuyama et al.，1993）通过构建一个开放条件下的货币搜索模型研究国际货币是如何形成的，首次将货币选择通过一个全局均衡模型进行内生化分析。莱斯特等（Lester et al.，2012）则是基于第三代货币搜索模型研究货币选择中的信息摩擦问题，即在考虑存在假币和鉴别成本的情况下，国际货币如何影响发行国的最优货币政策，但他们并没有考虑金融部门的货币选择及其对贸易部门货币选择的影响。本书的理论研究将侧重于金融摩擦如何影响国际贸易和金融活动中的货币选择。

  本书结合实证和理论研究的结论，从人民币国际化的角度来探讨人民币是否已经具备了国际化的条件以及人民币国际化的前景。近十年来，随着人民币国际化的推进，对于人民币国际化等相关问题的探讨日益增多。黄益平（2009）认为，我国不断增强的经济实力和综合国力、人民币区域化范围的扩大和程度的加深、经济体制和金融市场改革的持续深化、人民币的良好声誉、外汇管理体制的逐步健全及人民币币值的长期稳定都是人民币国际化的有利条件，当前国际货币体系面临变革的阶段正是人民币国际化的重要时机。刘辉和巴曙松（2014）通过分析中国的经济现状、国际形势和亚洲地区经济贸易合作趋势，认为中国启动货币国际化的时机已经成熟。与此同时，也有一些国内学者通过研究得到了谨慎推进人民币国际化的结论。何帆（2009）、郝宇彪和田春生（2011）认为，若没有汇率制度改革，人民币国际化引起的资本流动将更频繁地波动，对国内金融稳定造成更大的冲击，因此，在国内金融市场改革完成之前不应贸然推进人民币国际化。张明和何帆（2012）发现，2009~2011年香港人民币离岸市场与内地在岸人民币市场间的套汇与套利活动盛行，造成人民币跨境贸易结算"跛足化"，阻碍了人民币国际化进程，其根本原因在于人民币利率与汇率尚未完全市场化；他们认为，国内经济结构性调整应优先于人民币国际化。然而，这些研究大都基于历史经验分析，并且都局限于成因分析，从而缺乏一个结构性模型来分析各因素对货币国际化的影响，更无法进行反事实分析和福利比较。本书通过构建一个包含贸易和金融部门的内生货币选择模型，尤其是在模型中引入金融中介部门以反映贸易融资对货币选择的影响，从而可以更清晰地分析金融因素对货币选择的影响，也可以更好地分析国际货币体系的发展趋势和人民币国际化的广泛影响。

近年来，加州大学伯克利分校经济学教授艾肯格林（Eichengreen, 2011）对美元崛起历史中贸易信贷市场所起到的关键作用进行了论述；哈佛大学经济学教授戈平纳斯（Gopinath, 2015）提议对货币在国际贸易中的使用与贸易信贷的关系进行研究。本书旨在根据这些研究，提出分析国际贸易和国际金融中货币选择与使用的统一理论分析框架，其中重点考虑金融因素对货币选择的影响，并结合宏微观数据进行实证方面的研究。从货币的主要功能看，国际货币的使用可以分为三个方面：在国际贸易中的计价和结算货币、国际金融交易中的货币使用和国际储备货币的使用。本书将重点关注贸易和金融中的货币使用，以及两者之间如何相互影响，并且从实证的角度研究宏观、金融、行业、微观主体博弈力量等因素对国际贸易和金融中货币使用选择的具体影响。

1.3 本书结构

本书内容共分为5章。

第1章，导论。简要介绍本书研究背景、研究问题和研究方法、本书结构，以及相关文献综述。

第2章，贸易、金融和货币国际化的宏观证据与理论分析。货币国际化是开放的宏观经济的核心。传统的观点往往认为，能否成为国际货币取决于该种货币发行国的经济规模和开放程度。然而，历史经验却证实，美元和人民币的国际化都因为其不够发达的金融市场而进展迟缓（Eichengreen，2011）。例如，尽管中国现在已经成为世界第二大经济体和全球贸易的主导者之一，但由于不够完善和欠发达的国内金融市场，人民币仍主要被用于境内贸易交付。从国际贸易的实务来看，金融因素影响货币选择的关键渠道是贸易融资，即金融中介为了支持公司的跨境交易提供的服务。根据国际商会（ICC）银行委员会（2016）的研究，超过40%的全球贸易都直接获得了银行等金融中介提供的贸易融资，且这一比例在发展中国家更高。尽管国际贸易和金融活动共同通过贸易融资影响着跨国贸易公司结算货币的选择，但目前关于这方面的研究屈指可数。金融因素如何影响国际贸易中结算货币的选择呢？贸易和金融之间的相互作用是怎样的，又如何进一步影响到国际货币体系呢？本章采用环球银行金融电信协会（SWIFT）数据库实证研究金融因素如何影响跨国贸易中结算货币的选择，发现某种货币能否成为国际货币与其对贸易融资渠道的依赖程度正相关。整体而言，金融因素对国际贸易中结算货币选择的影响程度不低于其他常见的影响因素，如通货膨胀和汇率波动性。最后，本章在理论分析部分构建了一个因交付货物时间差而存在金融摩擦的两国离散无限期模型，且模型中有出口商、进口商与银行商三个市场主体，允许市场参与者自主选择贸易计价和结算的货币。模型的分析发现，发行单一国际货币的国家（如美国）：（1）拥有在位者优势，但使用货币政策的空间被限制，过高的通货膨胀会永久性地对该国货币的国际地位产生负面影响；（2）经济规模和最优通胀水平之间的关系在图像上呈驼峰形；（3）由于仅存在一种国际货币，因此，该货币的发行国在国际贸易中将持续出现贸易逆差。

第3章，贸易、金融和货币国际化的微观证据与理论分析。金融中介明显便利了跨国贸易，然而，金融因素对于交易过程中计价货币选择的重要影响在长时间以来并未得到学者们的探讨和研究。本章实证部分所使用的数据来自南美洲国家哥伦比亚海关机构记载的2007~2013年的出口交易相关的数据库，该数据库覆盖了来自约1万家公司的640万条出口交易记录。另外，我们根据曼诺娃（Manova，2013）的研究构建了关于公司对外部融资依赖程度的测量指标，且哥伦比亚在新兴市场中以依赖于外部金融的国际贸易而著称。实证研究发现，金融发达程度显著地影响了计价货币的选择。更确切地说，出口商更喜欢使用金融市场更发达的国家的货币进行计价，尤其是那些更加依赖外部融资的规模较小的出口商。进一步的实证研究发现，金融市场发展程度中等的新兴市场经济如果能够将其金融体系发展到最高水平，将使其本国货币在国际贸易中的使用增加10%左右。本章最后建立了一个带有金融摩擦的三国模型来研究出口商如何选择内生性计价货币。该模型预测，当商品终点国的金融市场较为发达时，依赖于银行中介进行贸易融资的出口商更有可能以该国货币进行结算。换言之，出口商——尤其是处于融资困难行业的小出口商，更喜欢具备更发达的金融市场的国家的货币。另外，过度的汇率波动将增加使用第三方工具货币的可能性。

第4章，金融政策与货币国际化：历史经验。本章对主要国家如何采用金融开放政策促进本币国际化的历史经验进行了回顾和梳理，并且探讨了全球政策协调对于货币国际化的作用。通过回顾英国、美国、日本、德国在国际金融市场上的重要影响，以及四国金融开放过程对本币国际化的影响，归纳总结出这些国家在实现金融开放和本币国际化过程中的经验与教训。不管在哪种货币主导的阶段，全球宏观政策协调都是维护货币秩序的主要手段。在全球经济一体化与金融自由化的背景下，国家之间的经济依存度日益提高，一国宏观政策不仅可以调节本国经济的运行，而且会产生溢出效应。同时，政策溢出国也会受到其他国家宏观经济政策的回溢效应的影响。目前，美元作为主导国际货币拥有在位者优势，美国经济政策的外溢效应很强，与美国货币政策进行协调的必要性很强。2008年国际金融危机不仅没有动摇美元的国际货币地位,反而使美元在国际货币体系中的地位进一步强化。中国和美国宏观政策的协调不仅会对中美经济产生重要影响,促进两国经济福利的共同提升,而且会对人民币国际化进程起到重要的影响。

第5章,人民币国际化及相关启示。本章根据实证证据和理论分析,梳理和探讨了人民币国际化的推进及其对国际货币体系的影响,得出未来进一步推进人民币国际化的启示。

1.4 相关文献综述

1.4.1 实证方面的相关文献

传统的实证研究主要关注宏观经济变量对货币国际化的影响。从宏观层面来看,影响货币国际地位的主要因素包括一个国家的经济规模和经济稳定性。经济规模是支持一国货币国际化的重要因素。历史经验表明,经济停滞导致相对经济规模下降是英镑贬值并最终退出历史舞台最重要的原因。在全球经济产出、贸易和金融领域中拥有大量份额的经济体具有"巨大的自然优势"(Chinn and Frankel, 2007),其货币也更有可能在全球体系中扮演重要角色。出口国和进口国的相对市场规模是企业选择定价货币的重要考量,外国生产者向大国出售商品时,会选择目的地国家的货币计价,以减少其出口产品相对于主导市场本地产品的价格变动。而当企业被限制对所有的出口产品使用相同货币计价时,大国货币的主导地位则会进一步延伸到其他市场。对美元和欧元的实证结果也显示,相对经济规模是决定计价货币的重要因素(Goldberg, 2008)。国际货币作为一种价值储藏手段,其币值应该是稳定的,过高的通货膨胀率和剧烈波动的汇率都会阻碍一国货币国际化的进程。事实上,货币币值稳定是国家政治经济稳定的重要体现,在选择计价货币时,企业更倾向于选择经济平稳、经济政策连续稳定、受外界冲击较小的国家的货币，以便尽可能减少汇率变动带来的负面影响。对经济波动性的考虑在生产者实现利润最大化以及出口商和进口商决定计价货币的过程中都有所体现（Baron，1976；Giovannini，1988），从对瑞士出口商的相关研究中也可以看到，汇率波动性是决定出口产品定价货币的重要因素。对于货币政策冲击，包含两个经济体的一般均衡模型显示，出口商会选择以货币政策冲击造成的波动最小的国家的货币作为计价货币（Devereux et al.，2014）。这些实证文献通过面板回归，确认了宏观因素对国际货币选择的重大影响。虽然以上研究在实证方面作出了重大贡献，但数据上只关注宏观层面的国家整体数据，既不能体现国家之间的双边关系，也无法涵盖企业层面的微观选择，所以仍不能令人完全满意。

从微观层面研究出口商的计价和结算货币选择是最近国际金融实证研究的一个趋势。从微观层面上看，产业特点、产品相似性和替代性以及对汇率风险的规避，是企业选择计价货币时最重要的考量，也是影响一国货币在国际贸易市场中发挥作用的重要因素。出口商会尽量减少自己的产品相对于竞争对手的产品的价格变动，这样在面临宏观经济波动和交易成本变化等冲击时，就不会因为相对价格的变化影响自己的销量，即存在所谓的"棘轮效应"（coalescing effect）（Goldberg，2008），以竞争商品所在国的货币对自己的产品计价可以在很大程度上"钉住"外国商品的价格，避免产品价格竞争力受汇率波动的影响。"棘轮效应"可以解释美元的主导地位，也就是说，由于外国出口商面临与美国公司的竞争，因此流向美国的贸易品主要以美元计价；而由于出口商需要使自身产品价格与竞争对手同类产品的价格保持一致，因此不涉及美国的贸易仍然会以美元计价。石油等大宗商品的美元标价也是如此，对于广泛使用石油作为中间品贸易的国家，其出口结算货币选择会深受影响。在国际货币选择领域，最新文献已经开始利用企业微观层面的交易级别数据，对已有研究成果进行了广泛地扩展。高柏和铁勒（2016）利用加拿大的进口交易数据，进一步确认了交易数额、市场份额等微观因素对国际货币选择的重大影响。钟（Chung, 2016）利用英国2011年的进出口数据，证明厂商进口中间品所用货币与出口最终产品所选择的结算货币具有高度正相关性。德弗罗（Devereux, 2017）同样使用加拿大的进口交易数据证明厂商规模大小与货币选择之间存在非单调关系，极大或极小的厂商倾向于使用外币，而中等规模的厂商更愿意使用本币。但是，目前还没有使用新兴市场国家的数据进行的研究，尤其是哥伦比亚这类比较依赖贸易融资、金融市场欠发达的国家和地区。由于中国海关和中国人民银行并未提供带有货币信息的每笔国际贸易的明细数据，我们不能直接使用中国的数据对模型进行检验，但是本书对哥伦比亚出口商的研究，对其他包括中国在内的新兴市场国家也有一定的借鉴意义。

从金融市场的发展来看，一个国家的金融发展和金融深度，以及与此相关的市场流动性、融资成本、金融交易成本，是实现该国货币国际化最重要的因素。艾肯格林（2011）发现，早在20世纪20年代中后期，美元就已取代英镑成为主要储备货币，比以往学者假设的要早20多年。而且，虽然英镑在1929年失去了领先地位，但在20世纪20年代和30年代的大部分时间里，国际债券市场上英镑和美元都是主要货币，这种两极分化的货币体系也与"全球体系中只允许一种国际货币存在"的假设以及"货币的主导地位一旦失去就会永远失去"的传统观点矛盾（Eichengreen and Flandreau, 2009; Chitu, 2014）。艾肯格林认为，货币的崛起或衰落与金融市场的发展密切相关，而且金融的力量对全球货币体系的架构也起到至关重要的影响。哈佛大学经济学教授戈平纳斯（2015）对货币在国际贸易中的使用与贸易信贷的关系提出研究提议，认为贸易中的货币使用与金融的关系值得深入研究和探讨。

1.4.2 理论方面的相关文献

根据货币选择的内生性和具体的建模方式，相关理论文献大体可分为以下三类。

第一类，外生性假定货币选择，在一般均衡的模型下进行福利分析，代表性文献包括克鲁格曼（Krugman，1980）、雷伊（Rey，2001）、德弗罗和石（Devereux and Shi，2013）。该类文献通常建立 N 国一般均衡模型，直接假定出口商采用生产者定价（producer currency pricing，PCP），即使用出口国货币进行国际贸易结算。为了反映国际金融市场的真实情况，该类模型也假设进出口企业的货币转换必须通过金融中介完成，而进行外汇交易的经纪人或中间人具有规模经济效应，即外汇交易的平均成本随交易量的上升而下降。在此设定下，如果某个国家的金融市场流动性充沛、交易成本低廉，那么进出口企业就可能选择该国货币作为媒介进行国际贸易结算。同时，该类模型也指出，国际货币的出现在很大程度上依赖于历史演进和网络外部性。一般均衡下的福利分析也表明，国际货币的出现能够节约交易成本，提高世界的整体福利，但世界各国的福利增加程度并不相同，国际货币的发行国相对能够获得更多的福利提升。总体而言，该类模型在一般均衡的框架下探讨了国际货币对世界经济的影响，得出了许多具有价值的政策建议，但是模型中没有内生化货币选择，仅仅将国际货币的出现归结于路径依赖和历史发展，所以不能很好地探讨国际货币体系的变迁，相关的量化分析也难以令人信服。

第二类，黏性价格模型（sticky price model），大多在局部均衡的框架下讨论出口商的货币选择问题（Bacchetta and Wincoop，2005；Goldberg and Tille，2013；Devereux，2017）。在黏性价格模型中，出口商制定的商品价格具有黏性，他们必须在未来汇率确定实现之前选择一个最优的定价货币和价格水平，以此来最大化未来的预期收益。所以，该类货币选择的核心机制就是出口商选择最优的货币，规避汇率风险，从而使汇率和边际成本之间的相关性为0。相较于第一类模型，黏性价格模型将厂商的货币选择内生化，在理论层面是一项巨大进步。后续的实证研究也确认了市场份额、产品异质性程度等微观因素对货币选择的显著性影响，这表明任何国家在推进货币国际化的过程中，不仅需要宏观层面的统筹规划与积极推动，同时也要在微观层面妥善引导，加强企业的定价议价能力。尽管黏性价格模型在理论上取得了巨大突破，但是模型自身的一些缺陷仍然明显。首先，黏性价格模型侧重于货币的定价职能，没有从根本上讨论货币作为交易媒介的流通过程，从而忽略了交易成本、金融市场发展等重要的决定性因素；其次，黏性价格模型在求解过程中需要大量借助于二阶近似展开，而使用该方法的前提是相关变量处在均衡点附近，这导致模型无法讨论制度变迁和体系演化等国际货币领域的重大问题；最后，受限于局部均衡的框架，黏性价格模型无法进行福利分析，也就不能从总体上分析国际货币体系变化对世界经济运行状况的影响。

第三类，货币搜索模型（monetary search model），在一般均衡的框架下为法定货币的存在与流通引入微观基础，代表性文献包括清泷（1993）和莱特（1996）。第一代和第二代货币搜索模型不能很好地解决物品的可分性及均衡的单一性，因而在解释国际货币方面不能令人满意。但是，拉各斯和莱特（Lagos and Wright，2005）所开创的第三代货币搜索模型通过引入中心化市场和博弈论中的讨价还价机制，为新货币主义提供了坚实的微观基础，该模型也逐渐被用于讨论国际金融中的诸多问题。相较于前两类模型，货币搜索模型既完成了货币选择的内生化，又能够在一般均衡的前提下进行详细的福利分析。更为重要的是，根据货币搜索模型的分析结果，国际货币的决定因素不仅包括宏观的货币政策和微观的企业选择，同时还包括金融市场发展水平和货币的交易成本，从而为国际货币的选择提供了统一的分析框架。本书也将主要依靠货币搜索模型进行理论方面的分析。货币选择确定之后，搜索模型也可以用于讨论不同货币体系对国际贸易和各国福利的影响。对于国际贸易而言，结算货币的币值稳定至关重要。在当今国际金融体系中，如果美国联邦储备系统（以下简称"美联储"）为了收取更多的铸币税而大幅增加美元的发行量，全球的贸易量将急剧下降，世界各国从国际贸易中获得的利益也将缩小。除此之外，国际货币也和全球失衡密切相关。由于国际贸易和国际金融交易大部分依靠美元计价和结算，所以美国居民在选择货币持有量时面临更小的搜索摩擦，因而会倾向于过度消费和借贷，从而使得美国的经常账户长期赤字，这说明单一的国际货币体系可能会导致长期的结构性全球失衡。

第 2 章
贸易、金融和货币国际化的宏观证据与理论分析

2.1 引言

和国内货币一样，国际货币具有价值尺度、交易媒介和储藏手段等职能，同时也存在着网络外部性，使用的机会越多，该货币的用途就越大。这意味着被广泛用于国际贸易的货币，也很可能被广泛用于外汇交易、国际债券市场，成为货币锚或是储备货币，产生规模经济。由于存在网络外部性，国际货币体系会对某种关键货币产生路径依赖，一旦某种关键货币在国际货币体系中得到认可，就会形成历史继承性，使得该种货币即使失去原来所依赖的经济基础时，也能够长期保持竞争力，延长其衰落的时间，延缓其他货币国际化的进程。

从金融市场的发展看，一个国家的金融发展和金融深度，以及与此相关的市场流动性、融资成本、金融交易成本，是实现该国货币国际化最重要的因素。

货币国际化及其影响是开放经济的核心。传统观点认为，国际货币的出现取决于发行国的经济规模和开放程度。然而，历史经验表明，金融因素也发挥着重要作用。艾肯格林（2011）的研究表明，美元国际化延迟的主要原因是金融市场的不发达。另一个例子是人民币，尽管中国已经成为世界第二大经济体和国际贸易的领导者，但由于金融市场的落后，人民币在很大程度上仍然是本国货币。这些例子说明金融因素对于货币国际化是不可或缺的。

在国际贸易中，金融因素影响结算货币选择的一个重要渠道是贸易融

资。贸易融资是指金融中介机构为支持企业跨境交易而提供的服务。根据ICC银行委员会（2016）的研究，超过40%的全球贸易是由银行直接支持的，而且这种间接贸易融资在发展中国家所占比例要高得多。虽然国际贸易和金融活动通过提供贸易融资共同影响企业的结算货币选择，但形式分析相对较少。金融因素如何影响国际贸易中的结算货币选择？贸易和金融之间的相互作用是什么？它们如何影响国际货币体系？本章旨在回答这些问题，并通过建立一个一般均衡框架来研究汇率、金融和国际货币之间的联系。

我们创造性地使用来自环球银行金融电信协会的新颖而全面的数据库来验证结算货币选择中的金融渠道，以记录国际货币使用的经验模式。该数据库跟踪各国在国际贸易中的结算货币，我们以私人信贷额度占国内生产总值（GDP）的比重作为衡量国内金融市场发展的主要指标，考察了金融因素对国际货币选择的显著影响。具体来说，金融因素对结算货币选择的影响与其他众所周知的决定因素（如通货膨胀和汇率波动）的影响相当，甚至更大。这些实证表明了金融市场的重要性和贸易融资渠道在决定一种货币的国际地位方面的相关性。

然后，我们建立了一个具有金融摩擦的两国两货币模型，研究基于货币搜索理论的内生货币选择（Zhang，2014）。我们的模型有两个关键假设，可以更好地反映国际贸易和金融领域的现实情况。首先，国际贸易通常比国内贸易耗时更长（Ahn et al.，2011；Manova，2012），我们假设货物在合同签订后一段时间内交付。付款和发货的时间不匹配，加上代理之间缺乏承诺，要求金融中介机构（银行家）促进国际贸易。其次，银行等金融中介的运营会产生固定的总成本，这反映了发行国金融市场的发展状况，这个假设与雷伊（2001）以及德弗罗和石（2013）研究中的交易成本概念相似。出口商以折扣价从银行家那里获得流动性，并作出结算货币选择，以实现预期利润的最大化。因此，如果发行国的金融市场效率低下，导致出口商蒙受重大损失，那么国际贸易就永远不会接受该国家的货币。

出口商、进口商和银行家之间的战略互动产生了多种均衡，这些均衡在两种货币的流通领域有所不同。我们进一步探讨了不同货币制度的性质以及与外生冲击相关的制度变迁动态。我们的模型具有有趣的含义，尤其是对单一国际货币体系而言。这种货币制度下的发行国（即中央国家）由于其高效且流动性较好的金融市场而享有优势。相比之下，其他国家在国际贸易中获得货币认可的难度更大，即使它们的金融市场非常发达。这一结果与戈皮纳斯和斯坦因（Gopinath and Stein，2018）同期的研究结果相呼应。然而，这种优势并不是很持久，原因在于贸易融资渠道传播和放大了货币政策冲击。对中央国家来说，即使通货膨胀率小幅上升，也会大大削弱贸易收益，并威胁到该国货币的国际地位。因此，中心国家实施货币政策的空间越来越小。

我们还讨论了金融中介机构在基准模型扩展中的独特作用。与风险/流动性保障的功能不同（Diamond and Dybvig，1983），我们模型中的银行家实际上是提供金融中介来解决承诺问题的中间人，类似于顾等（Gu et al.，2013）的研究。当违约概率高得令人望而却步时，代理人求助于银行中介的贸易融资，由此改善整体福利。在基准模型的扩展中，我们允许银行家内生进入和（或）退出，从而既包括金融中介行业的广泛利润或规模利润，也包括深度利润。比较静态分析表明，当出口广化占主导地位时，一个国家可以通过降低银行家的进入成本来促进其货币在国际范围的使用。

我们的模型回答了国际经济学中的几个经典问题。首先，中央国家的最优货币政策与其经济规模有关，而经济规模在很大程度上取决于不同的货币制度。对于一个拥有非常大（小）的经济规模、发行单一国际货币的中央国家来说，铸币税收入与国内（国际）贸易的收益相比相形见绌，因此，较低的通货膨胀水平是更好的选择。其次，货币政策对国际贸易的影响在很大程度上取决于具体的货币制度，通过通货膨胀和货币贬值来促进净出口并不一定可行。最后，我们的模型表明，中央国家往往存在持续的贸易逆差。因此，全球失衡可以部分归因于美元作为单一主导的国际货币。拥有多种国际货币的替代机制可能有助于缓解这种失衡。

本章实证部分的创新在于使用的数据方面。关于国际贸易中货币的使用，较早的实证研究来自格雷斯曼（Grassman，1973）。根据瑞典1968年和1973年的统计数据，即使在布雷顿森林体系时期，瑞典的国际贸易依然主要依靠瑞典克朗完成结算，而美元并未在其中占据主导地位。但是，仅仅依靠一个国家的调查统计数据难以充分说明问题，因此，21世纪以来，许多经济学家开始系统收集各国中央银行和统计部门发布的国际贸易中的结算货币情况，并进行了一系列卓有成效的实证研究，代表性文献包括坎普斯（2006）、高柏和铁勒（2008）、伊托和钦（2013）。这些实证文献通过面板回归，确认了宏观、微观和金融因素对国际货币选择的重大影响。虽然以上研究在实证方面作出了重大贡献，但数据上只关注宏观层面的国家整体数据，既不能体现国家之间的双边关系，也无法涵盖企业层面的微观选择，所以仍不能令人完全满意。本章主要依靠SWIFT的数据对国际货币及其决定因素进行详细的实证研究。截至2016年末，SWIFT网络已遍布全球206个国家和地区的11000多家金融机构，提供金融行业安全报文传输服务与相关接口软件，支援80多个国家和地区的实时支付清算系统。因此，SWFIT交易数据具有交易量大、覆盖面广、代表性强等特点，是研究货币国际使用的理想数据系统。

现有实证研究所使用的数据库主要包括国际货币基金组织收集的官方储备货币数据库（Currency Composition of Foreign Exchange Reserves，COFER）、国际清算银行（Bank for International Settlements）每隔三年发布一次的外汇及衍生品市场调查（*Triennial Central Bank Survey of Foreign Exchange and Derivatives Market Activity*），以及经济学家自行从各国央行和统计机构获得的数据（Kamps，2006；Goldberg and Tille，2008；Ito and Chinn，2013）。相比以上数据库，SWIFT数据库有如下优点：（1）信息频率高，覆盖广。SWIFT自2010年10月起开始记录跨境银行间交易中的结算货币使用情况，提供国家间的月度数据，覆盖范围超过全世界200多个国家和地区。相比之下，其他数据库只能提供年度数据，并且覆盖范围有限。(2)记录内容详细，能够更好地对货币使用进行分类，并且准确鉴别国际媒介货币的使用情况。SWIFT数据库每条信息包括结算货币、交易时间、交易发起国家或地区、交易接收国家或地区、交易种类（借贷、外汇、贸易融资等）、交易数量和交易金额（以美元和欧元计算）。现有研究中所使用的数据库仅仅包含交易的发起国，不包含交易的对手方，因而无法辨别货币属于直接使用还是间接使用。例如，在国际清算银行的数据中会列出在中国发生的外汇交易中美元的使用状况，但无法辨别这些美元是发生在中国与美国的交易中，还是发生在中国与其他国家的交易中。如前所述，国际货币的一个重要特征是用于不包含发行国的跨境交易中，即成为国际媒介货币。由于没有交易的对手方信息，现有文献所使用的国家级数据库无法准确鉴别国际媒介货币，而SWIFT数据库的详细信息恰好能弥补这一缺点，提供更好的国际媒介货币指标。(3)包含信息来自真实发生的银行间交易，而不是银行或企业自愿上报的数据。相比之下，国际货币基金组织和国际清算银行的数据来自各国央行和政府机构的自愿上报，与真实交易发生的数据存在一定差距。(4)数据来源统一完整，可以进行跨国比较。并且，SWIFT数据库同时记录了交易金额与交易数量，可以通过稳健性检验剔除估值效应的影响。

根据定义，当一种货币在发行国以外的地方被外国人使用时，它就成为了国际货币。根据科恩（Cohen，1971）的观点，国际货币是交换媒介、价值储存手段以及政府和私人机构的记账单位。这一领域的学术研究历史悠久（Grassman，1973；McKinnon，1979），既有文献仔细研究了国际货币的许多方面，包括其作为官方储备的作用（Eichengreen et al.，2016；Frankel，2012），以及外汇市场中的交易通货（Devereux and Shi，2013；Krugman，1980；Rey，2001）和国际贸易的发票货币（Bacchetta and Van Wincoop，2005；Goldberg and Tille，2008）。相反，本章研究了为什么企业选择某种货币来结算它们的跨境交易，也就是结算货币的决定因素。

我们的货币搜索模型遵循一个历史悠久的传统，即为法定货币作为交换媒介的崛起提供一个微观基础。在这一领域的早期研究中，产出和金钱是不可分割的（Matsuyama et al., 1993）或无法达到平衡（Trejos and Wright, 1996）。在拉各斯和怀特（2005）的研究取得突破之后，货币搜索理论现在被广泛应用于国际宏观经济学的各个领域。拉各斯和怀特（2005）将金融渠道纳入李斯特等（Lester et al., 2012）和张（Zhang, 2014）最近开发的两国两种货币搜索模型中。本章在研究结算货币与金融活动之间的相互作用时，强调了金融因素的重要性，而不是以往文献中的信息成本。查罗等（Chahrour et al., 2017）、戈平纳斯和斯坦因（Gopinath and Stein, 2018）研究了贸易发票货币与安全资产定价之间的关系。本章的研究重点是贸易融资渠道及其对国际贸易结算货币的影响。

本章研究也与越来越多的关于促进国际贸易的中介机构的文献有关。例如，劳奇和沃森（Rauch and Watson, 2004）讨论了网络中介如何缓解不完全信息问题；伯纳德等（Bernard et al., 2015）解释了出口中介的兴起及其对贸易量的影响。本章在金融中介方面的工作是对国际贸易中实际参与的中间商讨论的补充。有大量研究也强调了贸易融资的重要性，同时将其与国际贸易的许多方面联系起来（Ahn, 2015; Amiti and Weinstein, 2011; Niepmann and Schmidt-Eisenlohr, 2017; Schmidt-Eisenlohr, 2013），这些研究主要涉及贸易融资模式的最优契约选择，如开户、预付现金或银行中介的贸易融资等。据我们所知，还没有人对贸易融资如何影响代理机构提供正式的分析。本章研究就是围绕这个主题展开的。

2.2 基于 SWIFT 数据的宏观证据

本节将介绍贸易融资的制度背景，描述 SWIFT 数据集，并展示新兴市场金融模式，以证明金融因素在结算货币选择中的重要性。

2.2.1 制度背景：贸易融资

在国际贸易中，贸易融资付款和发货的时间不匹配一直是一个令人关注的问题。如果没有相互信任或历史交易记录，出口商和进口商之间几乎不可能进行任何直接贸易：进口商不知道他们是否会收到付款后的货物，出口商也不能保证在货物装运后付款。根据时间顺序，贸易融资可分为预付现金（装运前付款）、开户（装运后付款）或银行中介贸易融资。如果进口商和出口商相互信任，现金预付或开立账户是更好的选择，因为它的交易成本相对较低。如果出口商不信任进口商，但对进口商银行的信用有信心，银行中介融资可以帮助促进国际贸易。全球金融体系委员会（2014）估计，银行信贷直接支持了全球约1/3的贸易；ICC银行委员会报告（2016）称，超过40%的全球贸易是由银行中介贸易融资直接支持的，其中发展中国家的比例偏高。主流工具是信用证（LC），图2-1展示了它的分步机制。

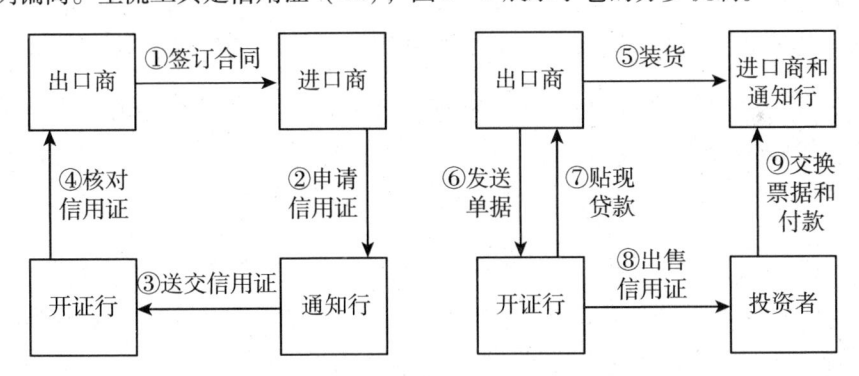

图2-1 信用证的工作机制

具体步骤如下。

（1）进出口双方确定贸易条件，签订商务合同。

（2）进口商到开证行出示合同，申请信用证。开证行通常在开立信用证之前要求进口商提供一定数量的担保品。

信用证是"银行代表买方作出的一项承诺，即只要信用证中所述的条款和条件已得到满足，包括提交指定的单据"（美国商务部）。开证行只会在装船后的某天付款,也就是信用证的到期日,通常是3个月左右。

(3) 开证行将信用证送交通知行审核。

(4) 通知行核对细节后通知出口商,以便其准备发货。

(5) 出口商发货并拿到所需的文件,尤其是提单(B/L)。提单是承运人签发的一种单据,详细说明货物的装运情况,并将货物的所有权授予特定的一方,通常是货物的持有人。

(6) 出口商将所需单据发送至通知行付款。

(7) 通知行核对所需单据后通知开证行。原则上出口商需要等到信用证到期,但由于出口商通常急需流动资金,所以通知行会贴现货款给出口商。

(8) "借短贷长"的原则使得通知行不愿意持有期限较短的信用证。通知行将把信用证和其他需要的单据作为商业承兑交单出售给任何相关方。包括信用证和提单在内的一套单据被称为商业承兑汇票或银行承兑汇票,其付款由开证行和通知行共同担保,对短期投资具有吸引力。

(9) 到期时,任何持有商业承兑汇票的人都可以到开证行付款。开证行核对所需单据后通知进口商。然后进口商付款,装船。

本书关注的重点是金融发展的重要性,特别是银行部门的效率和流动性,其中代理人依赖银行中介的贸易融资。主要原因是,我们无法从SWIFT数据库中识别其他场景中的货币信息。此外,我们认为,银行部门对其他贸易融资模式也很重要。例如,安(Ahn, 2015)指出,哥伦比亚和智利进口商品的主要支付方式是开立账户,这主要是因为应收账款融资具有自清算和追索权的性质。即使出口商在发货后收到货款,他们也可以将应收账款作为抵押品,从银行获得短期融资。因此,银行部门的效率仍然影响着出口商从贸易和国际货币选择中获得的收益。

2.2.2 数据

我们依靠SWIFT的一个新数据集来研究国际货币使用的实证模型。

SWIFT 是全球银行唯一最重要的通信系统提供商，覆盖全球逾 90% 信用证的银行间流动情况。这一数据集不同于现有实证工作中的数据集，如高柏和铁勒（2008）以及戈平纳斯（2015）所用的数据集，这些数据集来自央行、政府机构和统计机构。SWIFT 数据集涉及 200 多个国家和地区，其中包含了关于贸易结算货币的详细信息。数据集被划分为 2010 年 10 月至 2014 年 8 月的月度区间，每个条目都有发起国与交易对手国的名称、消息类型、结算货币以及发送和接收的每个消息的数量和值。信息类型帮助我们区分商品贸易和金融交易。出于保密性的目的，如果每月双边交易少于 4 笔，则交易价值被记录为零。在正式计量分析之前，我们进行数据清理过程，只保留与贸易融资相关的跨境交易。数据和清理过程的详细信息如下。

图 2-2 展示了贸易融资中货物和支付的流向。银行家充当中间人，促进出口商和进口商之间的国际贸易：货物通过实线从出口商流向进口商，而货币支付则通过虚线从进口商流向出口商。该结算货币信息由 SWIFT 记录。我们进行以下数据清理程序，只保留与贸易融资有关的跨境交易。

（1）只保留跨境交易，因为我们的重点是国际贸易。按照惯例，我们将欧元区内的贸易视为国内交易，将中国大陆对香港、澳门和台湾地区的贸易视为跨境交易。

（2）保留发送和接收的信息的价值，用于计算每种货币在双边贸易中的价值份额。剩下数字部分用于稳健性检验。

（3）保留与贸易融资相关的信息类型，包括付款通知（MT 400）和跟单信用证（MT 700）。

图 2-2 货物和支付的流向

我们的数据集记录的是结算货币,而不是国际贸易中使用的计价货币。在实践中,定价货币、计价货币和结算货币之间存在细微的差别。定价货币或发票货币可能被视为一种记账单位,而结算货币自然被列为一种交换媒介。此外,国际货币的这些不同作用在实践中往往是正相关的。例如,弗里贝里和威兰德(Friberg and Wilander,2008)在2006年对瑞典出口商的货币选择进行了一项问卷调查:大多数公司报告使用占其收入的90%以上的相同结算货币和发票货币。

数据反映了国际贸易结算货币的一些特征。例如,美国98%以上的进出口都使用本国货币。除德国外,大多数国家都以美元作为国际贸易结算的交易通货。中国的情况是独一无二的,因为中国设法用人民币结算了23.22%的进口。然而,中国出口总额中只有0.69%是以人民币结算的。我们还观察到国家对货币使用的巨大差异,这有助于下面的实证研究。

2.2.3 实证模型

我们对货币选择决定因素的经验规范是:

$$s_{ijk}^t = \beta_1 X_{ij}^t + \beta_2 FD_{ij}^t + c_{ij}^t$$

其中,下标 i 为出口国; j 为进口国; k 为结算货币;上标 t 为周期。因变量 s_{ijk}^t 是 i 国与 j 国之间以 k 货币结算的国际贸易份额,如果 k 恰好是 i 或 (j) 国的本国货币,因变量则成为出口国(进口国)货币的价值份额。自变量 X_{ij}^t 包括几个传统的货币选择决定因素,如市场份额、汇率、距离、产品差异化和实际 GDP。这些决定因素大多被计算为出口国和进口国之间的水平差异。

我们回归的关键解释变量是 FD_{ij}^t,即第 i 个国家和第 j 个国家在 t 时刻金融发展的差异。FD_{ij}^t 的值越大表示第 i 个国家相对于 j 国家拥有更先进的金融市场。我们用私人信贷除以 GDP 来衡量金融发展,GDP 是指金融中介机构按 GDP 比例向私人部门提供的金融资源,而资本账户开放度指数(Chinn-Ito index)是衡量资本账户开放程度的法定指标。这两种方法在文献中都得到了广泛的应用。c_{ij}^t是误差项。对于计量经济学方法，由于SWIFT数据集被截断，我们选择面板数据Tobit回归。许多发展中国家无法在国际贸易中使用本国货币，而这些零观测值的观察结果使专家小组的Tobit回归拟合得很好。在采样频率方面，我们将2011～2013年的月度观测数据汇总成年度水平，以便与其他宏观经济变量的频率相匹配。

表2-1给出了基准回归的结果。为了保证实证结果的稳健性，我们将出口国货币份额放在前面、进口国货币份额放在后面作为因变量。考虑到工业化国家通常在使用本国货币进行贸易方面处于更有利的地位，我们也检查经济合作与发展组织（OECD）国家的出口商和非经济合作与发展组织国家的出口商的子样本。私人信贷占国内生产总值的正的且显著的系数和资本账户开放度指数对应的出口国货币份额意味着，当一个出口国加快金融市场的发展时，更多的出口都是用本国货币结算，从而提高出口国货币的份额并减少进口国货币的份额。金融发展的回归结果与我们的预期相符。总体而言，私人信贷与GDP之比以及资本账户开放度指数具有统计学意义：其对应的表2-1第（1）列至第（3）列为正值，第（4）列至第（6）列为负值。

表2-1　　2011～2013年贸易中货币使用的决定因素

决定因素	出口国货币份额			进口国货币份额		
	总计	OECD国家	非OECD国家	总计	OECD国家	非OECD国家
	(1)	(2)	(3)	(4)	(5)	(6)
私人信贷与GDP之比	0.10*** (0.02)	0.07*** (0.03)	0.14*** (0.03)	-0.13*** (0.02)	-0.31*** (0.04)	-0.09*** (0.03)
开放度指数	0.20*** (0.02)	0.12*** (0.03)	0.01 (0.02)	-0.17*** (0.02)	-0.21*** (0.04)	-0.24*** (0.03)
市场份额	0.57* (0.29)	2.12*** (0.54)	1.17*** (0.22)	0.50 (0.36)	0.87 (0.74)	0.77* (0.44)
通货膨胀	-0.00 (0.00)	-0.00 (0.00)	-0.00 (0.00)	-0.00* (0.00)	0.01 (0.01)	-0.00 (0.00)

续表

决定因素	出口国货币份额			进口国货币份额		
	总计	OECD 国家	非 OECD 国家	总计	OECD 国家	非 OECD 国家
	(1)	(2)	(3)	(4)	(5)	(6)
通货膨胀波动	-0.01 (0.01)	-0.02* (0.01)	-0.01 (0.01)	0.00 (0.01)	-0.01 (0.02)	0.02 (0.01)
汇率	-0.08*** (0.01)	-0.09*** (0.01)	-0.01* (0.01)	0.07*** (0.01)	0.09*** (0.01)	0.06*** (0.01)
汇率波动	0.01 (0.01)	-0.01 (0.01)	-0.01 (0.01)	-0.01 (0.01)	-0.02 (0.02)	-0.03** (0.01)
国家间距离	-0.19*** (0.02)	-0.14*** (0.03)	-0.10*** (0.02)	-0.26*** (0.02)	-0.16*** (0.03)	-0.25*** (0.03)
产品差异化程度	0.61*** (0.07)	0.30*** (0.10)	0.41*** (0.08)	0.30*** (0.06)	0.38*** (0.13)	0.19*** (0.07)
GDP	0.04*** (0.01)	-0.01 (0.01)	-0.03*** (0.01)	-0.06*** (0.01)	-0.06*** (0.02)	-0.08*** (0.01)
N	8 373	3 355	5 018	8 319	3 429	4 890
N（筛选后）	1 584	1 282	302	1 158	409	749

注：样本中只包含跨境贸易。去掉了常数项，样本中不包括与美国和欧元区国家发生的跨境贸易。中国大陆对香港、澳门和台湾地区的贸易也视为跨境贸易。数据频率为年度。第（1）列至第（3）列的因变量为出口国货币计价贸易额占总贸易额的比重，第（4）列至第（6）列为进口国货币计价贸易额占总贸易额的比重。计量方法为面板 Tobit 随机效应模型。第（1）列和第（4）列为全样本回归结果，第（2）列和第（5）列为经济合作与发展组织国家样本，第（3）列和第（6）列为非经济合作与发展组织国家样本。

为了进一步确定贸易融资渠道，在基准回归中加入金融发展与贸易融资依赖的交互项：

$$s_{ijk}^t = \beta_1 X_{ij}^t + \beta_2 FD_{ij}^t + \beta_3 FD_{ij}^t \times TFD_{ij}^t + c_{ij}^t$$

虽然获得银行中介的贸易融资对国际贸易很重要，但各国的依赖程度不同。我们采取以下措施代替双边贸易融资依赖。（1）如果出口国和进口国在不同的大陆上，则大陆虚拟变量为 1。安等（2011）的研究表明，海上国际贸易对金融冲击更为敏感。由于数据的可用性有限，我们使用这个大陆虚拟变量作为代理，假设不同大陆的国家更依赖于海运，因此更依赖于贸易融资。(2) 根据经济合作与发展组织数据集计算的原油运输成本为到岸价和离岸价之间的差额。较高的运输成本意味着较长的海运距离，这可能导致较高程度的贸易融资依赖。我们选择原油是因为标准商品的运输成本受运输公司市场力量的影响较小。(3) 从全球金融体系委员会（2014）收集银行中介贸易融资占商品贸易总额的比重数据，尽管这些数据仅涵盖 2011 年的 12 个国家，但它更准确地说明了对贸易融资的依赖程度。我们对出口国采取这一措施。(4) 经济合作与发展组织与非经济合作与发展组织国家之间的国际贸易的贸易伙伴哑变量等于 1。尼普曼和施曼特（Niepmann and Schmidt-Eisenlohr, 2017）的研究表明，信用证更多地用于风险较高的中间契约执行的目的地和国家，因此，经济合作与发展组织和非经济合作与发展组织国家之间的贸易应该更多地使用贸易融资。

上述变量与外部融资依赖呈正相关。我们将这些变量与金融发展指标相互作用，以确定金融因素对货币选择的影响。鉴于我们的重点是国内金融市场的发展，我们只展示了私人信贷对 GDP 交互项的影响结果。表 2-2 证实了我们的预期。在第（1）列至第（4）列出口国货币回归中，大多数交互项是正的和显著的，这表明出口国的本国货币更有可能被选中，如果它有一个相对较发达的金融市场，特别是对于更依赖银行中介的国际贸易而言。同样，进口国货币回归中的负的和显著的估计结果表明，金融市场较不发达国家发行的货币不太适合更依赖贸易融资的贸易。就经济重要性而言，表 2-2 的回归结果显示，金融因素对货币选择的影响与其他众所周知的决定因素（如汇率和汇率波动）的影响相同或更大。在稳健性检验中，我们使用了其他与金融中介更相关的金融发展指标，如查克等（Cihak et al., 2012）提出的银行效率、稳定性、流动性和可获得性。在我们进行的大多数回归中，主要结果仍然是稳健的。在第 2.3 节中，我们将构建一个开放经济货币搜索模型，以解决结算货币选择的决定因素，并强调在这一过程中社会因素的重要性。

表 2-2　　　　　　有交互项的货币使用的决定因素

决定因素	出口国计价份额				进口国计价份额			
	(1)	(2)	(3)	(4)	(5)	(6)	(7)	(8)
$FD \times$ Continent	0.13*** (0.04)				0.17*** (0.04)			
$FD \times$ Shipping cost		0.01 (0.01)				0.02** (0.01)		
$FD \times$ TF_share			0.39*** (0.14)				-0.56*** (0.15)	
$FD \times$ Partner				0.24*** (0.03)				-0.16*** (0.04)
其他控制变量	the same as benchmark regression							
N	8 373	1 890	782	8 373	8 319	1 884	798	8 319
N(筛选后)	1 584	592	275	1 584	1 158	364	143	1 158

注：第（1）列至第（4）列中因变量为出口国货币计价贸易额占总贸易额的比重，第（5）列至第（8）列因变量为进口国货币计价贸易额占总贸易额的比重。FD 和私人信贷占国内生产总值的比重相同。Continent 是虚拟变量，如果出口国和进口国不在同一洲，则为1，否则为0；TF_share 为2011年商业贸易中通过银行融资的贸易占比；Partner 是虚拟变量，如果出口国为经济合作与发展组织国家，且进口国为非经济合作与发展组织国家，则为1，否则为0。

2.3　对贸易、金融和货币国际化的理论分析

2.3.1　模型环境设定

假定有 i 和 j 两个国家，每个国家都有三种类型的代理人，包括买家、卖家和银行家。时间是离散的、无限的，每个主体的恒等式都是固定的。代理人使用共同的贴现因子 β 在不同时期之间贴现未来，但不包括子时期。每个时期分为三轮，即集中市场（CM）、分散市场（DM）和金融市场（FM）。集中市场是一个完全竞争的外汇市场，所有的代理人都可以在

劳动过程中消耗用线性技术生产的易腐商品 X。分散市场是分散的本地和外国商品市场，卖方专门生产易腐、差异化商品 q 但不能消费，买方可以消费但不能生产。卖家总是待在家里，而买家有一定的概率出国，所以他们互相寻找，寻找成功时可以就生产和付款的数量讨价还价。如果从事分散市场贸易的买方和卖方来自不同的国家，我们称他们为进口商和出口商。

对于国内贸易，商品 q 是即时交付的，代理商总是使用本国货币作为交换媒介。然而，国际贸易需要时间，商品 q 将在下个周期开始时才进行交付。在这种情况下，代理人互不信任，而且认为违约的可能性极高，这就导致了金融中介的兴起，以促进国际贸易。在分散市场中，出口商发出货物并收到证明文件，证明文件也代表对所买卖货物的索偿权。在金融市场中，存在着一个完全竞争的银行部门，在那里，银行家可以跨越国界，投资于记录技术，以跟踪每个代理在国际贸易中的交易历史。银行家们将这些记录保密，这样出口商和进口商之间就可以保持匿名。这就排除了他们之间安排信贷的任何机会。为了反映银行部门的规模经济，我们假设与国家 i 货币有关业务的固定总成本为 F_i。银行在出口商出示证明文件后向其支付货款，将产权从出口商转移给银行。在下一个周期开始时，进口商向银行付款以获得装运单据并确保货物的交付。然后，所有代理机构从其中央银行收到一次性转账，并进入随后的集中市场。图 2-3 总结了市场结构和事件的时间节点。

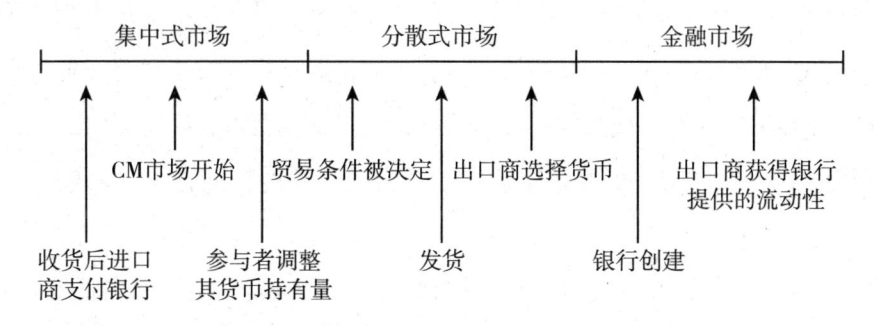

图 2-3 市场结构和时间节点

每个国家都有可分割和可储存的法定货币流通，其供给根据 $\widehat{M}_i = (1 + \mu_i)M_i$ 演化，其中 M_i 为当前期间 i 国货币存量，帽变量 $\widehat{M}_i$ 表示下一时期的水平。货币供应量 M_i 的增长率由各国央行控制。货币政策是通过向国内代理人的一次性转移来实施的。

对于我们模型中的货币选择，注意固定总成本 F_i 对于使用不同货币的银行家来说是异构的，这与雷伊（2001）以及德弗罗和施（2013）的假设相似。我们让出口商承担所有这些成本，并在分散式市场结束时选择单一货币，以实现利润最大化。该选择随后成为公共信息，其他代理人应据此行事，也就是说，银行家和进口商使用出口商选择的同一种货币开展业务。

2.3.2 讨论

我们模型的一些特性值得详细讨论。我们对结算货币的选择作了几个假设，以便在保持相关因素重要性的同时保持模型的可管理性。假设出口商像张（2014）那样选择结算货币。让出口商作出这样的选择不失一般性，这是因为：（1）经验证据表明，出口商在货币选择上有更强的议价能力，这反映在出口货币在一国出口中所占比重通常高于进口货币在其进口中所占比重这一事实中（Goldberg and Tille，2008；Grassman，1973；Ito and Chinn，2013）；（2）如果我们允许进口商承担金融成本并作出货币选择，我们的理论结果将保持稳健。另一个假设是，出口商选择单一货币来进行国际贸易结算。此外，我们的重点是探讨国际货币的决定因素，并强调金融因素的作用。因此，这种简化假设使我们的模型具有说明性和直观性。

我们还对银行部门和贸易融资安排作了一些假设。首先，我们对银行部门业务的定义与文献中银行吸收存款、发放贷款和提供流动性保障（Berentsen et al.，2007；Diamond and Dybvig，1983；Williamson，2012）

相反，在我们的模型中，银行家实际上是提供金融中介服务的中间人，他们像顾等（2013）的研究中那样解决承诺问题。银行家之所以存在，是因为发货时间上的摩擦使得出口商和进口商之间的直接贸易由于违约能力高而缺乏吸引力。因此，银行家通过增加国际贸易的收益来改善福利。

其次，我们的模型具有王亮等（Wang et al.，2019）提出的货币与信贷共存的特征。贝勒生等（Berentsen et al.，2007）用一种无成本的金融交易记录保存技术解决了这一问题，但不用于商品交易。我们的模型采用了另一种方法，即允许银行家投资于成本高昂的记录保存技术，并获取每个代理作为私人信息的身份。如果这些信息公开，出口商和进口商就可以在他们之间安排信贷，从而消除了作为交换媒介的法定货币。通过对银行家保密，我们保持了货币和信贷的共存，因为出口商仍然靠法定货币支付，而进口商依赖银行家的贷款来完成国际贸易交易。具体来说，我们假定法定货币是唯一可接受的债务结算工具，因此，在我们的模型中，货币和信贷是互补的，而不是替代品。

最后，我们假设出口商在金融市场结束时收到银行家的付款，而不是等到下一个周期开始。在模型环境方面，出口商没有记账技术，也无法确定下一时期的银行家。因此，出口商希望在装船后立即收到货款。此外，与贸易融资实际情况一样，由于国际贸易涉及大量设备和劳动力的售前投资，出口商通常急需流动性。出口商宁愿给出折扣得到即时补偿，也不愿等到信用证到期后再收到更高的补偿性收入。

2.3.3 价值函数与最优决策

现在我们将物理环境的设置形式化。假设买方、卖方和银行的瞬时效用函数分别为 $U^B = u(q) + U(X) - H$、$U^S = -c(q) + U(X) - H$ 和 $U^M = U(X) - H$，其中 q、X 和 H 表示区分商品的数量、数字商品和工作时间。虽然每一个代理商都可以用 $X = H$ 的线性技术生产出大量的产品，但是只

有卖家才能以 $c(q)$ 的成本生产出差异化产品。CM 里的最优消费是 X^*，那么 $U'(X^*) = 1$。函数形式的传统假设也成立，因此 $u(0) = c(0) = 0$，$u'(0) = +\infty$，$c'(0) = 0$，$u' > 0$，$u'' < 0$，$c' > 0$，$c'' > 0$。下标 $i,j = \{1,2\}$，$i \neq j$。国家法定货币实际价值的计价单位为 ϕ_i。该模型关注的是稳定的货币均衡，其中，总实际余额为常数，因此 $1 + \mu_i = \dfrac{\phi_i}{\hat{\phi}_i}$。当分散式市场开始运作时，央行通过向国内代理机构一次性转移资金来调整本币供应。

1. 集中市场价值函数

集中市场（CM）价值函数根据代理类型的不同而不同。买家希望在 CM 结束时持有资金，以便在未来一段时间内享受差异化产品。因此，在 i 国，买方的 CM 最大化问题是：

$$W_i^B(m_i^i, m_j^i) = \max_{\hat{m}, H, X} U(X) - H + V_i^B(m_i^i, m_j^i)$$

$$\text{s.t. } \Phi_i \hat{m}_i^i + \Phi_j \hat{m}_j^i + X \leq H + \Phi_i m_i^i + \Phi_j m_j^i + T_i$$

其中，m_j^i 表示 i 国买方持有的 j 国货币；V_i^B 表示 i 国买方在 CM 中的价值函数；T_i 表示从 i 国央行的一次性转账。将这个 CM 价值函数简化为以下形式：

$$W_i^B(m_i^i, m_j^i) = U(X^*) - X^* + \Phi_i m_i^i + \Phi_j m_j^i + T_i +$$
$$\{V_i^B(\hat{m}_i^i, \hat{m}_j^i) - \Phi_i \hat{m}_i^i - \Phi_j \hat{m}_j^i\} \tag{2.1}$$

由于买方的价值函数在持有货币方面是线性的，我们进一步简化它：

$$W_i^B(m_i^i, m_j^i) = W_i^B(0,0) + \Phi_i m_i^i + \Phi_j m_j^i \tag{2.2}$$

卖方和银行家的 CM 价值函数也是用类似的方法推导出来的，我们将在下面展示它们的结果：

$$W_i^S(m_i^i, m_j^i) = W_i^S(0,0) + \Phi_i m_i^i + \Phi_j m_j^i \tag{2.3}$$

$$W^M(z_i, z_j) = W^M(0,0) + \Phi_i z_i + \Phi_j z_j \tag{2.4}$$

这里 $W_i^S(0,0)$ 和 $W^M(z_i, z_j)$ 表示 i 国卖方和银行部门的 CM 价值函数，两者的货币持有量都是线性的。

2. 分散市场贸易条件

分散市场（DM）对买家和卖家都开放，但在地理上却跨越了不同的国家。对于这两个国家，买家人数为 σ，而卖家人数为 $1-\sigma$。买家可以出国的概率为 $1-\alpha$，而卖家总是待在国内。在 DM 中，代理人随机成对相遇，匹配函数为：

$$n_{ij} \equiv n(B_i + S_j) = \gamma_{ij}\frac{B_i S_j}{B_i + S_j},\ \gamma_{ij} \in (0,1) \qquad (2.5)$$

其中，n_{ij} 表示 i 国买方与 j 国卖方在 j 国分散市场中成功会面的总次数。注意，匹配的结果取决于参与者（B_i 和 S_j）的数量以及匹配效率（γ_{ij}）。给定这个匹配函数和买卖双方的总体，表 2 – 3 显示了一个国家 i 买方与一个国家 j 卖方相遇的概率（p_{ij}）。一旦成功匹配，买方和卖方进行比例谈判博弈（Kalai，1977），以确定生产和支付的数量。对于国际贸易而言，进口国的最大化问题为：

$$\max{}^{q,d} \{u(q_{ij}) - d_{ij}\} \qquad (2.6)$$

$$\text{s. t.}\ \{u(q_{ij}) - d_{ij}\}/\{d_{ij} - c(q_{ij})/\beta\} = \theta/(1-\theta) \qquad (2.7)$$

$$d_{ij} \leq s_j \Phi_j m_i^i + (1-s_j)\Phi_i m_i^i \qquad (2.8)$$

其中，q_{ij} 为进口国 i 与出口国 j 之间的 DM 贸易量；d_{ij} 为支付价格；$\theta \in (0,1)$ 是买方议价能力；s_j 是 j 出口国的货币选择，如果选择出口国的本国货币，则等于 1。解决方案为：

$$d_{ij} = \begin{cases} (1-s_j)\Phi_i m_i^* + s_j \Phi_j m_j^*,\ 如果(1-s_j)\Phi_i m_i^i + s_j \Phi_j m_j^i \geq (1-\theta)u(q_{ij}^*) + \theta c(q_{ij}^*)/\beta \\ (1-s_j)\Phi_i m_i^i + s_j \Phi_j m_j^i,\ 其他 \end{cases}$$

$$(2.9)$$

在 q_{ij}^* 处生产水平总剩余最大化且 $u'(q_{ij}^*) = c'(q_{ij}^*)/\beta$，当总剩余最大时 $\phi_i m_i^* = \phi_j m_j^* \equiv (1-\theta)u(q_{ij}^*) + \theta c(q_{ij}^*)/\beta$。国内交易的情况类似，只是 q 是即时交付的，卖家只接受本国货币。因此，一国国内贸易的讨价还价解决方案就可能成为：

$$d_{ij} = \begin{cases} \Phi_i m_i^{**} & \text{如果 } \Phi_i m_i^i \geq (1-\theta)u(q_{ii}^{**}) + \theta c(q_{ii}^{**}) \\ \Phi_i m_i^i & \text{其他} \end{cases} \quad (2.10)$$

在 q_{ii}^{**} 处国内贸易的总剩余最大化,这样 $u'(q_{ii}^{**}) = c'(q_{ii}^{**})$,且 $\phi_i m_i^* \equiv (1-\theta)u(q_{ii}^{**}) + \theta c(q_{ii}^{**})$ 是相应的真实支付价格。

表 2-3　　　　　　　　买卖双方相遇概率

买方	国家 i 卖方	国家 j 卖方
国家 i 买方	$\dfrac{\gamma_{11}(1-\sigma)}{1-\sigma+\sigma\alpha}$	$\dfrac{\gamma_{12}(1-\sigma)}{1-\sigma+\sigma(1-\alpha)}$
国家 j 买方	$\dfrac{\gamma_{21}(1-\sigma)}{1-\sigma+\sigma(1-\alpha)}$	$\dfrac{\gamma_{22}(1-\sigma)}{1-\sigma+\sigma\alpha}$

在均衡中,买方持有的法定货币将永远不会超过总剩余最大化的最优水平,因为过多的货币不会增加其贸易收益,反而会导致通货膨胀带来损失。因此,国家 i 买方在国际贸易中的实际支付价值是 $(1-s_j)\phi_i m_i^i + s_j \phi_j m_j^i$,在国内贸易中的实际支付价值是 $\phi_i m_i^i$。

3. 买方在集中市场的最优选择

对于 i 国家买方,其 DM 价值函数为:

$$V_i^B(m_i^i, m_j^i) = p_{ii}(u(q_{ii}) - d_{ii}) + \beta p_{ij}(u(q_{ij}) - d_{ij}) + \beta \widehat{W}_i^B(m_i^i, m_j^i)$$

$$(2.11)$$

其中,第一个项目反映了与国内卖家见面的收益;第二个项目衡量的是国际贸易顺差。

4. 金融市场与银行家的最优决策

在我们的模型中,银行家的国籍并不重要,所以我们假设他们的全球人口是 1。银行家可以自由地在不同国家间流动,贸易融资的过程相当于银行家向进口商提供贷款。回想一下,银行家使用国家 i 货币操作的固定总成本是 F_i,该投资用于国际贸易双方识别和开展贸易融资业务的记账技术。

$$V^M(z_i, z_j) = \max_{L_i, L_j} \{\beta \widehat{W}^M(z_i + \max\{s_i, 1-s_j\} r_i L_i + \max\{s_j, 1-s_i\} r_j L_j)$$
$$- \max\{s_i, 1-s_j\} f_i - \max\{s_j, 1-s_i\} f_j\}$$

s. t. $\quad 0 \leq L_i \leq z_i, \quad 0 \leq L_j \leq z_j$ \hfill (2.12)

其中，L_i 表示以国家 i 货币表示的贷款额；r_i 表示以国家 i 货币表示的贷款名义利率。银行家以 r_i 为给定条件，选择最优贷款金额。金融业务的存在依赖于出口商的货币选择，因此只有选择了国家 i 货币，才有可能以国家 i 货币发放贷款，如 $\max\{s_i, 1-s_j\} = 1$。由于记录保存技术的总成本是固定的，每个银行家都要承担一笔个人成本 F_i。

5. 出口商的结算货币选择

为了简化下面的分析，我们假设出口商总是更喜欢银行家的金融中介。这种对贸易融资模式的限制将在以后放宽。如果 j 国出口商选择依靠银行家的金融中介与 i 国货币进行国际贸易结算，其最终利润为：

$$\pi_j^i = \frac{1}{1+r_i} \phi_i m_i^i - \frac{c(q_{ij})}{\beta} = \underbrace{\left[\frac{\phi_i z_i}{\phi_i z_i + F_i}\right]}_{\text{金融因素}} \underbrace{\left(\frac{1}{1+R_i}\right)}_{\text{折现因子}} \underbrace{\phi_i m_i^i - \frac{c(q_{ij})}{\beta}}_{\text{贸易条件}} \quad (2.13)$$

正是从利润函数式（2.13）出发，我们提出了国际货币使用的三个决定因素。首先，财务因素很重要。在银行部门具有低成本（$F_i \downarrow$）和高流动性（$\phi_i z_i \uparrow$）的货币是首选，与 SWIFT 数据集的实证结果相吻合。值得注意的是，固定成本 F_i 假设是外生的，而银行部门的流动性是由银行家对货币持有的最佳选择内生产生的。

其次，健全的货币政策有助于在宏观层面促进货币国际化。国家的中央银行控制国内货币供应量的增长率 μ_i，通过费雪方程 $1+R_i \equiv \frac{1+\mu_i}{\beta}$ 直接影响折现系数。此外，我们模型中的汇率也是由央行的货币政策决定的。集中市场作为一个无摩擦的外汇市场，一价定律适用于计价物商品，且 i 国货币对 j 国货币的名义汇率为 $e_{i/j} = \phi_i/\phi_j$。鉴于 $\phi_i = (1+\mu_i)\hat{\phi}_i$ 是一个稳定的货币均衡，汇率变化可以表示为 $\hat{e}_{i/j}/e_{i/j} = (1+\mu_j)/(1+\mu_i)$。因此，通货膨胀的货币政策（$\mu_i\uparrow$）导致高折现率（$R_i\uparrow$）和货币贬值（$e_{ij}\uparrow$），使得相应货币对出口商国际贸易结算的吸引力下降。

最后，分散市场议价方案的贸易条件在微观层面也有影响。具有高议价能力的出口商往往从国际贸易中获益更多。虽然我们的模型没有假设异质性议价能力，但是既有文献中的经验证据（Goldberg and Tille，2008）发现，生产具有较大市场份额的差异化产品的出口商更喜欢本国货币。j 国货币的利润函数也是用类似的方法推导出来的，结果如下：

$$\pi_j^j = \left[\frac{\Phi_j z_j}{\Phi_j z_j + F_j}\right]\left(\frac{1}{1+R_j}\right)\Phi_j m_j^i - \frac{c(q_{ij})}{\beta} \tag{2.14}$$

出口商根据这些利润函数选择货币。

$$s_j = \begin{cases} 1, & \text{如果 } \pi_j^j > \pi_j^i \geq 0 \\ 1, & \text{如果 } \pi_j^i > \pi_j^j \geq 0 \end{cases} \tag{2.15}$$

在平稳均衡中，同一国家的出口商总是选择相同的货币。考虑这样一种情况，当国家 i 出口商选择本国货币，而国家 j 出口商则选择外币时，那么 $\pi_{ji}^i = \pi_{ji}^j$。如果一个先前接受本国货币的国家 i 的出口商决定抛弃本国货币而选择外币，那么当持有国家 j 货币（$p_{ij}^j\uparrow$）时，国家 j 的进口商会发现更容易匹配。因此，他们在真正的均衡状态下持有增加（$\phi^j m_j^j\uparrow$）。银行家也增加他们的货币持有（$\phi^j z_j\uparrow$）。这就导致了那些选择他国货币的出口商会获得更高的利润水平（$\pi_{ji}^j > \pi_{ji}^i$），直至最后每个人都会作出相同的货币选择。

2.3.4 国际贸易中的货币均衡

首先给出货币市场的市场出清条件：

$$\begin{cases} \sigma\Phi_i m_i^i = \Phi_i M_i, & \text{如果 }\{s_i,s_j\} = \{0,1\} \\ \sigma\Phi_i m_i^i + \Phi_i z_i + F_i = \Phi_i M_i, & \text{如果 }\{s_i,s_j\} = \{0,0\} \\ \sigma\Phi_i m_i^i + \sigma\Phi_i m_i^j + \Phi_i z_i + F_i = \Phi_i M_i, & \text{如果 }\{s_i,s_j\} = \{1,0\} \text{ 或 }\{1,1\} \end{cases}$$

$$\tag{2.16}$$

在第一种情况下，国家 i 货币仍然是本国货币，其需求仅来自国内买家；在第二种情况下，对一国货币的需求来自国内买家和银行家；对于最后一种情况，国家 i 货币是由两国的银行家和买家共同要求的。

本章理论分析的主要创新之处在于建立了开放经济下的货币理论模型，探讨国际贸易中货币选择的决定因素，并探讨货币体系对各国宏观经济的影响。传统理论在探讨货币选择问题时，通常假设国际贸易不需要时间，出口商与进口商能够瞬间完成货物与货款的交换，所以该类模型关于货币选择的核心就是规避汇率风险。但是，在实际经济活动中，进出口厂商所考虑的并不只是宏观层面的短期货币因素，还需要考虑金融和微观层面的因素。例如，大量实证研究表明，相较于国内贸易而言，国际贸易数额更大、时间更长、面临的风险更多，其中一个关键问题便是交货与交款之间的时滞问题：出口商如果先发货，便会面临收款风险；进口商如果先付款，便会面临收货风险。在这种情况下，银行可以提供信用证等金融中介服务缓解摩擦、促进国际贸易。例如，在使用信用证的条件下，出口商发货之后可以凭借有效单据从议付行获得流动性，不必等待货物实际送达；而进口商在货物到达后必须及时付款，否则便无法拥有货物的产权。信用证这类金融中介产品降低了国际贸易的风险，促进了国际经济的繁荣。同时，由于出口商最终获取的利润不仅和进口商的支付货款有关，也取决于相关金融市场的运转效率，所以金融市场的发展程度对出口商的货币选择至关重要。如果货币的发行国具有较高的金融发展水平，支持贸易融资的债券市场流动性充足、金融衍生品种类丰富，那么该货币在国际贸易中就能获得更为广泛的使用。

基于上述经验事实和已有的理论分析框架，本书构建了一个统一的理论分析框架来研究国际贸易和金融活动中的货币选择和使用。理论模型主体基于货币搜索模型，主要的模型要素为：出口商的生产和贸易需要银行的贸易融资，然后出口商会根据预期收益的不同而选择不同的货币，出口商的内生货币选择会影响银行资产组合中的货币持有，而银行的货币持有会通过影响货币的流动性而进一步影响出口商的货币选择。我们假定出口商选择外币的时候会面临一个额外的成本,这样我们就能在这个内生的货币选择模型中把不同货币的使用份额计算出来。这个模型是第一次在货币搜索模型中加入银行部门,也是第一次能算出在均衡下的不同货币的构成,我们发现,可以存在一国货币完全占主导的均衡(如美元霸权),也存在多个国家的货币共同成为国际货币的均衡,进而可以比较不同均衡下的福利结果。

作为拥有微观基础的理论模型,货币搜索框架能够为国际货币选择提供完善统一的理论框架,并且将决定国际贸易中货币选择的重要因素纳入其中。根据现有文献以及货币搜索理论的推导结果,影响货币选择的因素可分为金融、宏观、微观和策略四类。(1)金融因素,涉及金融市场的发展程度、流动性、产品丰富性。在实证检验中,我们预期较高的金融发展水平能够提高货币在国际贸易中的使用程度。(2)宏观因素,体现为货币价值的稳定程度以及央行货币政策的优劣,可以通过汇率波动率、通货膨胀等指标进行观测。在实证检验中,我们预期良好、平稳的货币政策会推动货币的国际化进程。(3)微观因素,体现在行业或企业等层面的因素,包括市场占有率、市场集中程度等。在实证检验中,我们预期在行业中占比较大、有一定市场力量的出口商会更多地使用本币进行贸易结算。(4)策略因素,包括厂商定价议价的能力以及产品的同质性等。在实证检验中,我们预期具有较强议价能力、出口差异程度较高产品的厂商在国际贸易中会更多地使用本币。

第3章
贸易、金融和货币国际化的微观证据与理论分析

3.1 引言

出口商在国际贸易中使用哪国货币进行计价和结算直接关系到汇率传递率,并且会影响最优货币政策和汇率制度的选择。出口商用于计价的货币是国际金融中的核心议题之一。出口商可以选择生产国货币计价(PCP)、终点国货币计价(LCP),以及第三国/工具货币计价(VCP)。计价货币的选择对于宏观经济有所影响,如在价格刚性时,能够直接决定经常账户和国内价格如何随汇率波动而变化;另外,其对货币政策的有效性、汇率制度的选择和货币国际化都有影响(McKnnon,1969;Devereux and Engel,2002)。然而,直到最近计价货币的选择才开始受到学者们的关注,并与金融市场的发达程度相联系(Goldberg and Tille,2008)。金融市场的发达程度长久以来一直被视为影响跨国公司计价货币选择的重要决定因素之一,但是完备和正式的理论模型和实证研究仍然有限(Gopinath,2015)。是什么决定了公司的计价货币选择呢?金融中介——或者在更普遍的意义上——金融市场发达程度在公司选择计价货币的过程中发挥着怎样的作用?本章将从实证和理论两个维度检测金融因素和跨国贸易中结算货币的选择之间的联系。

实证方面,本章使用2007~2013年哥伦比亚出口公司的综合数据集测试了这些预测,其中包括结算货币选择的形成。哥伦比亚这一新兴市场的国际贸易一直被认为高度依赖外部融资。该数据集涵盖了大约1万家公司的640万笔个人出口交易记录。丰富的贸易信息数据使我们能够设计实证

方法，以更好地识别金融因素以及其他决定因素在结算货币选择方面的影响。具体来说，我们在曼诺娃（2013）研究的基础上针对企业对外部融资的异质性依赖构建了一种新的测度。我们开创性地就金融因素对国际贸易中结算货币选择的影响展开企业级实证研究。

主要的实证方程将结算货币币种选择与企业外部融资以及金融市场发展联系起来。我们发现，金融发展程度会显著影响结算货币的选择。具体来说，在控制了其他公司层面的特征、经济发展、目的地、年份和行业影响之后，出口商偏爱金融水平较高的国家或地区的货币。金融发展水平中等的新兴市场经济如果进一步将金融体系发展到最高水平，则可以将本国货币的使用率提高10%以上。根据经验，我们发现进口出口商（即出口公司和进口公司）比纯出口商更可能使用LCP，即使这个影响远小于金融因素的影响。此外，我们发现汇率过度波动会导致出口商增加对VCP的使用，同时减少使用LCP。例如，本币和外币之间汇率波动增加1单位的标准差会增加（减少）3.5%使用VCP的机会。

理论方面，我们构建了一个模型，该模型呈现了公司对贸易依赖程度的异质性，以及它们的内生货币选择。在三个国家、三种货币的黏性价格模型中（Novy，2006），出口商生产最终产品需要本国和国外的中间产品国家（地区），其费用与每个国家或地区的融资成本相关。关于融资成本，银行间中介贸易融资是重要组成部分，而各国的金融体系在提供贸易融资方面的效率却有所不同。① 假定外国中间商品是以外币计价的，② 出口商在意识到汇率冲击之前一期设定价格，他们选择了结算货币币种以最大化预期利润。理论上也得出了三个结论：首先，出口商更有可能选择一种融资成本较低的货币；其次，如果出口商之间进行进口，相对于PCP，出口商

---

① 阿米蒂和温斯坦（Amiti and Weinstein，2011）以及安（2015）记录了这种金融渠道，它对2008年的巨大贸易崩溃产生了影响全球的金融危机。

② 这与坎帕和戈德堡（Campa and Goldberg，2005）、戈皮纳特（Gopinath，2015）以及钟（Chung，2016）等提出的假设相同。

更可能选择LCP（VCP）调解外国的投入；最后，如果有一个主导货币的国家，当双边汇率波动率低（高）时，出口商倾向于选择LCP（VCP）。

我们的研究对新兴市场中金融政策对结算货币选择的影响具有重大政策启示。既有研究多集中于经济政策，如经济发展和开放，而本书的研究结果强调另一种潜在的机制，即出口商根据一国的金融发展状况对结算货币进行内生选择。出口商更喜欢具有深度发展、流动性强和效率高的金融体系的国家的货币。像哥伦比亚这样的市场新兴经济体想要提高使用本国货币结算的可能性，本章实证结果给出的建议是：该国可以结合经济、政治、政策，采取能够在金融效率、稳定性方面为金融市场带来更好发展的金融政策。

3.2 基于企业微观层面的实证证据

3.2.1 数据和特征

本节对哥伦比亚数据集进行描述，并展示公司级描述性统计数据。在哥伦比亚，有许多出口商将产品卖给不同国家的各个行业，并使用多种类型货币进行计价。重要的是，目的地国家行业和商品之间的计价币种选择存在很大差异。结算货币选择的这些横截面和时间序列变化对于计量经济分析至关重要。然后，我们对哥伦比亚出口商结算货币选择的各种决定因素进行了广泛的初步评估，重点介绍我们模型中分析的关键因素。

1. 数据来源和描述统计

来自哥伦比亚海关的主要数据涵盖了2007~2013年的出口交易，[1] 包括哥伦比亚出口商的640万笔个人出口交易记录。每笔交易均由海关发票记录，其中包含以下信息：日期、出口商ID、目的地国家、发票货币、行

---

[1] 数据来自Datamyne，这是一家专门记录拉丁美洲国家进出口贸易的公司。

业和产品代码（最高 HS10）、运输方式（海运、空运、铁路运输等）、出口美元价值、数量和毛重。我们补充了详细的进口数据。①

表 3-1 概述了 2013 年哥伦比亚的出口情况，其他年份情况与此相似，不再赘述。近 1 万家哥伦比亚公司对 130 多个国家进行出口，交易笔数为 907 153，其中 43.4% 为海运。2013 年，HS6 产品共有 3 582 类品种，更重要的是，在整个出口交易过程中共使用了 24 种不同的货币，并且 37.14% 的出口商使用了两种以上的不同货币。直观证据表明，出口商之间存在足够的货币差异。表 3-2 和表 3-3 分别进一步研究了目的地和 HS4 行业的分布。

表 3-1　　　　　　2013 年哥伦比亚出口情况

项目	数量
出口国数量	9 898
HS6 位编码出口品种	3 582
目的国数量（个）	137
交易笔数	907 153
海运交易量占比（%）	43.4
交易额平均值（千美元）	60 327
交易额中位数（千美元）	2 375.2
哥伦比亚出口额（十亿美元）	54.7
计价货币种类（个）	24
使用两种及以上计价货币的出口国占比（%）	37.14

表 3-2　　　　　　2007~2013 年出口商分布情况

项目	p25	p50	p75	p90	p99	均值
HS4 位编码出口品种	1	1	3	7	30	3.331
HS6 位编码出口品种	1	1	4	9	44	4.446
交易笔数	1	4	21	117	1 421	91.65
目的国数量（个）	1	1	2	6	22	2.746
计价货币种类（个）	1	1	2	3	5	1.54

---

① 这与坎帕和戈德堡（2005）、戈皮纳特（2015）以及钟（2016）提出了相同的假设。

表 3-3　　　　　　　2007~2013 年 HS4 行业分布

项目	p25	p50	p75	p90	p99	均值
出口国数量（个）	4	11	32	73	311	30.73
HS6 位编码出口	1	2	4	7	14	3.338
交易笔数	12	69	363	1 427	10 273	845.4
目的国数量（个）	4	10	21	34	68	14.59
计价货币种类（个）	1	1	2	3	5	1.5
出口额（千美元）	90	868	5 839	29 550	447 500	51 000

表 3-4 显示了哥伦比亚向 16 个不同行业和 5 个地区出口的详细信息。我们发现哥伦比亚的贸易伙伴主要是拉丁美洲国家，占 58.92%。相比之下，北美的份额较小，为 20.75%，这意味着在微观层面美国对结算货币选择的影响比之前实证研究中的影响小。[①] 哥伦比亚的出口集中在一些行业，如蔬菜产品、化学药品和纺织品占出口的很大一部分。就价值而言，矿产品占出口总值的一半。鉴于哥伦比亚是一个自然资源丰富的新兴市场经济体，这不足为奇。

表 3-4　2007~2013 年哥伦比亚各行业和地区的出口分布　　单位:%

行业分类	北美	拉丁美洲	欧元区	亚洲	其他	计数	额度
畜产品	27.15	35.35	14.71	14.05	8.74	0.93	1.26
蔬菜制品	56.01	3.43	17.61	3.82	19.13	19.52	9.71
食品	17.37	56.62	6.30	1.36	18.34	6.37	2.99
矿产	19.34	53.27	6.53	6.83	14.03	1.41	57.85
化学品	1.92	85.19	1.08	0.36	11.45	18.95	4.24
塑料、橡胶产品	8.84	76.63	3.26	0.58	10.68	7.74	3.30
皮制品	30.96	43.20	8.58	6.07	11.19	1.58	0.63

---

① 戈德堡和铁勒（2016）认为与美国的贸易份额为 58.9%，钟（2016）认为为 29%。

续表

行业分类	地区占比（通过计数）					行业占比	
	北美	拉丁美洲	欧元区	亚洲	其他	计数	额度
木材	8.53	75.76	2.23	1.37	12.11	5.80	1.63
纺织品	15.46	73.19	3.99	0.49	6.86	16.67	3.04
鞋饰类	11.93	76.54	3.92	0.16	7.45	0.95	0.23
石头、玻璃制品	27.53	57.72	3.07	0.94	10.75	4.90	5.91
五金产品	15.85	59.51	4.43	9.89	10.31	5.10	4.46
机械电子	12.95	77.01	2.95	0.91	6.17	5.19	2.07
交通运输	9.17	86.13	1.01	0.51	3.18	1.20	1.82
生活用品	13.33	68.30	6.21	2.52	9.64	0.63	0.18
服务	14.45	70.62	4.09	0.47	10.37	3.03	0.69
地区总和	20.75	58.92	6.20	2.07	12.06		

钟（2016）以及高柏和铁勒（2016）分别使用英国和加拿大的微观数据研究了企业级结算货币选择。与他们的数据相比，我们选择的哥伦比亚数据库既有其自身的优势，也具有一定的局限性。在除了贸易伙伴（行业）的多样性和高数据质量外，我们的数据为研究严重依赖贸易融资的新兴市场经济体结算货币选择的问题提供了一个很好的机会。此外，我们的样本跨期7年，其中包括2008年国际金融危机，这使我们可以研究金融市场动荡和贸易融资崩溃是否影响了货币选择。我们将利用这些数据得出的实证结果来研究金融因素如何影响计价货币选择。但研究中有一个限制，即我们不能直接观察贸易融资信息，如出口商是否依赖贸易融资，因此，在实证部分，我们构建了出口商贸易财务依赖的代理变量。

2. 结算货币选择的特征

本节报告了与哥伦比亚出口商的货币选择有关的一些模式。首先，针对24种不同货币的哥伦比亚的出口,表3-5显示了货币细分:计价的货币贸易份额和按价格计算的份额策略(PCP、LCP和VCP)。尽管货币选择存在一些差异,但美元的优势显而易见。在定价策略上,VCP是主流选择。我们还注意到,美元用于大型交易,因为其价值份额更高,超过了其数量份额。

表3-5　　2007~2013年哥伦比亚出口中的货币份额　　单位:%

	项目	计数占比	额度占比
货币种类占比	美元	98.28	98.89
	欧元	0.73	0.22
	委内瑞拉玻利瓦尔	0.52	0.27
	哥伦比亚比索	0.41	0.66
	其他	0.06	0.18
	总计	100	100
定价方式占比	生产国货币计价(PCP)	0.41	0.61
	终点国货币计价(LCP)	21.11	32.26
	第三国/工具货币计价(VCP)	78.48	67.13
	总计	100	100

美元的主导地位是如此明显,以至于我们需要调查非美元出口商是否是非常特殊的公司,与其他使用美元的公司有无明显不同。我们将它们分为三个维度,结果如表3-6所示。首先,我们由四大类方面的总出口量来观察企业规模:小企业是在底部25个百分点;中等企业介于第25个百分点和第75个百分点之间;大型公司位于第75个百分点与第90个百分点之间;非常大的公司位于顶部10%。规模不大(低于第90个百分位数)的公司更依赖美元,尤其是中型企业公司。未以美元计价的公司往往很大。由于全球银行通常用美元提供贸易融资,表明小型出口商可能更依赖贸易融资,这有助于在第3.3节中构建公司层面的贸易依

赖措施。其次，我们考察企业的进口行为。纯出口商是指那些只出口的公司，而进口出口商是指那些同时进口和出口的公司。进口出口商在美元计价选择之间的份额相似，即使以美元计价的出口商份额稍大一点：出口商（65.50%）和非美元出口商（54.44%）。最后，我们分别观察两种类型出口商的出口目标国家。在这里，我们仅考虑两个主要领域，即北美洲和欧洲，并计算每个区域在总出口量中的份额。出口到欧洲的份额中，非美元出口商份额（44.08%）比美元出口商的份额（19.69%）更大。尽管美元出口商与非美元出口商的出口份额有所区别，但并没有直接证据表明非美元出口商与美元出口商有明显不同。当我们对货币计价币种选择进行正式的实证检验时，我们将控制这些公司级特征。

表 3-6　　　　　　　　美元兑非美元出口商　　　　　　　　单位：%

类型	公司规模				进口出口商		目的地		
	小型	中型	大型	超大型	非进口	进口	北美洲	欧洲	ROW
美元	24.94	50.10	15.04	9.92	34.50	65.50	25.45	19.69	54.86
非美元	22.4	34.13	11.37	32.25	45.56	54.44	12.94	44.08	42.98

表 3-7 列出了主要贸易伙伴的货币选择分布（PCP、LCP 和 VCP）。虽然 PCP 和 LCP 的比例较低，但仍然能观察到实质性差异。例如，欧元区在哥伦比亚 LCP 中的出口占有很大份额，但各个国家有不同的份额。法国选择 LCP 进行结算的交易占 13.52%，而德国则为 9.27%。当我们查看其他地区（如亚洲）时，这种差异也很明显。对于向中国出口的哥伦比亚公司，8.55% 以哥伦比亚比索（COP）计价，很少用到人民币（RMB）。当哥伦比亚公司向日本出口时，交易的 1.36% 以日元（JPY）计价，交易中几乎没有选择哥伦比亚比索。表 3-8 显示了行业中货币选择的变化水平。PCP 规则在出口矿产品的交易中所占份额相对较大（15.87%），而在食品出口中的份额几乎降至零。

表 3-7　2007~2013 年按主要目的地国家分类计价货币的选择　　单位:%

国家	生产国货币计价（PCP）	终点国货币计价（LCP）	第三国/工具货币计价（VCP）
美国	0.25	99.73	0.03
法国	0.79	13.52	85.70
西班牙	1.02	12.25	86.73
德国	0.03	9.27	90.71
英国	0.03	1.60	98.37
委内瑞拉	0.14	1.85	98.01
中国	8.55	0.00	91.45
日本	0.00	1.36	98.64

表 3-8　2007~2013 年按行业分类计价货币的选择　　单位:%

行业	计数占比 PCP	LCP	VCP	额度占比 PCP	LCP	VCP
畜产品	0.02	25.67	74.31	0.36	6.53	93.11
蔬菜制品	0.01	52.76	47.24	0.04	46.28	53.69
食品	0.00	19.82	80.17	0.01	18.77	81.22
矿产	15.87	17.43	66.70	0.67	45.74	53.69
化学品	0.06	4.56	95.38	0.14	5.95	93.92
塑料/橡胶产品	0.04	11.53	88.43	0.01	11.67	88.33
皮制品	0.10	33.62	66.28	0.04	21.53	78.43
木材	0.03	12.39	87.58	0.02	7.48	92.50
纺织品	0.02	17.25	82.74	0.01	20.35	79.63
鞋饰类	0.05	13.54	86.42	0.01	5.97	94.02
石头/玻璃制品	0.03	29.48	70.50	0.00	60.37	39.63
五金产品	0.04	18.92	81.04	0.01	13.07	86.91
机械电子	0.06	13.76	86.18	0.15	16.46	83.39
交通运输	0.04	9.56	90.40	0.01	7.21	92.78
生活用品	0.51	14.27	85.23	0.39	20.08	79.53
服务	0.07	16.66	83.27	0.23	17.27	82.50

货币选择还显示出随着时间的推移有相当大变化的特征，如图3-1至图3-4所示。在2008年国际金融危机中，美元占据了主导地位。2008年，欧元和美元的份额开始下降，哥伦比亚比索的份额开始增加。这表明，基于美元的贸易融资受到干扰，哥伦比亚出口商开始寻找替代货币。2011年8月之后，美元份额进一步下降，其他货币份额则上涨了。

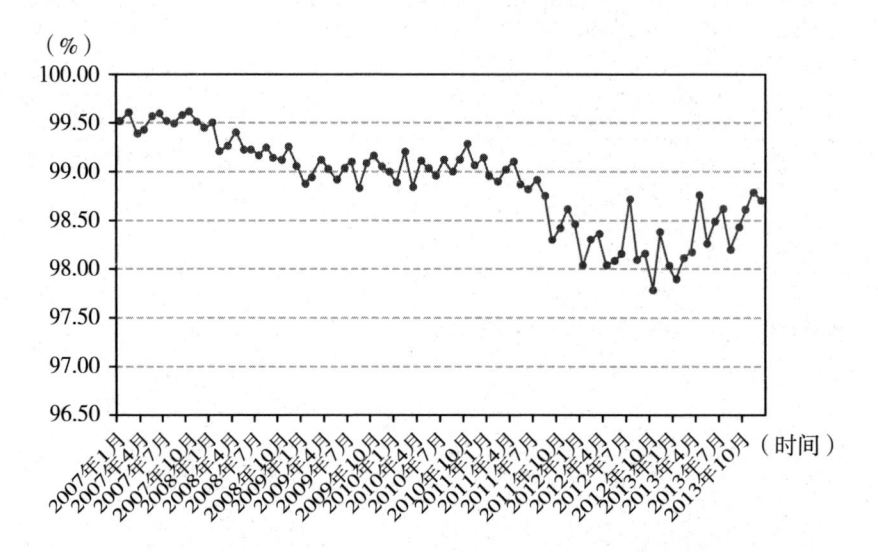

图3-1　2007~2013年美元所占货币选择市场份额

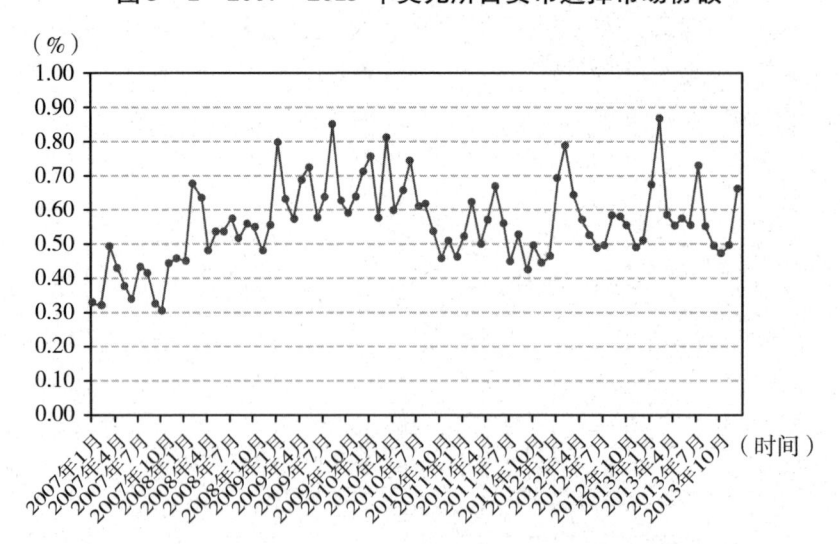

图3-2　2007~2013年欧元所占货币选择市场份额

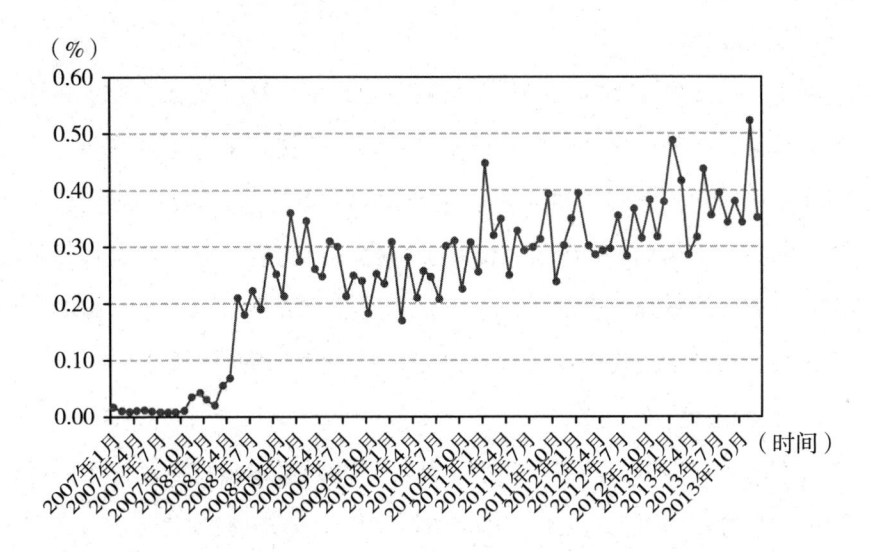

图 3-3　2007~2013 年哥伦比亚比索所占货币选择市场份额

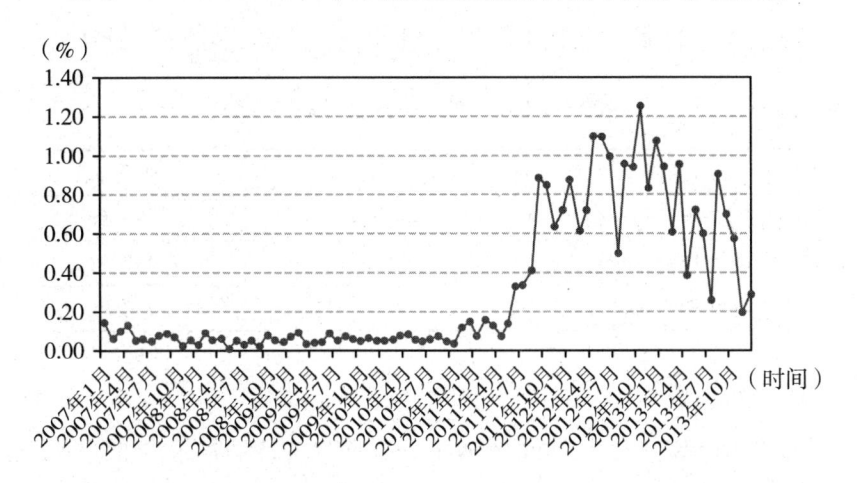

图 3-4　2007~2013 年其他货币所占市场份额

3.2.2　初步评估货币选择

本节对货币选择进行初步评估,并展现它们与金融、行业和宏观经济之间的关系。此外,本书还着眼于产品差异(同质商品与异质商品)和在文献中已经研究过的企业一级的讨价还价能力。

1. 金融因素

本书认为金融市场的发达程度是货币选择的一项关键指标。本书模型预测,如果目的地国家的金融发展水平更高,将更可能使用其货币。在已有的文献中,私人信贷与 GDP 的比值通常被认为是金融发展程度的代理变量。[①] 对数据的初步分析显示,相对于哥伦比亚比索,金融发展水平较高的国家更有可能选择自己的货币进行贸易结算。如果目标国家的金融发展水平较高,选择常用货币(主要是美元)计价的可能性也较小。

2. 工业因素

我们将出口商分为两个子类别:纯出口商和进口出口商。详细的哥伦比亚的进口数据通过公司 ID 与出口数据匹配。这样,我们将纯出口商定义为仅从事出口业务。相反,进口出口商是同时从事进出口业务的出口商。表 3–9 显示,与纯出口商相比,进口出口商往往有更多机会选择 VCP。

表 3–9　　　　2007~2013 年出口商的货币选择　　　　单位:%

货币选择	进口出口商	纯出口商
VCP(第三国货币计价)	86.34	76.16
LCP(终点国货币计价)	13.47	23.63
PCP(生产国货币计价)	0.19	0.21

3. 宏观因素

汇率波动会影响计价货币的选择。自 1999 年 10 月起,哥伦比亚采用了有管理的浮动汇率制度。图 3–5 显示了哥伦比亚比索和美元之间的汇率,图 3–6 至图 3–8 显示了外汇波动性与货币选择之间的关系。我们计算出本国和目的地国货币之间的双边汇率,以此表示汇率波动。[②] 如果货币相对于哥伦比亚比索的波动性较高,那么使用可能性较小,并且当汇率波动高时,常用货币被选择的可能性较大。

[①] 此代理变量在曼诺娃(2013)等的文献中得到了广泛的使用。
[②] 变动系数定义为给定年份中每月名义汇率的标准偏差 σ 与平均值 μ 的比值。

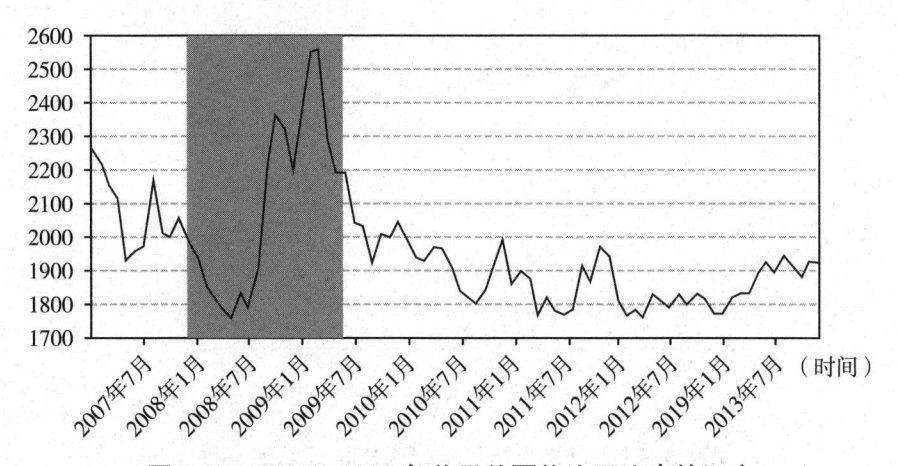

图 3-5　2007~2013 年美元兑哥伦比亚比索的汇率

注：汇率的计价法为 1 个单位的美元兑换多少个单位的哥伦比亚比索。

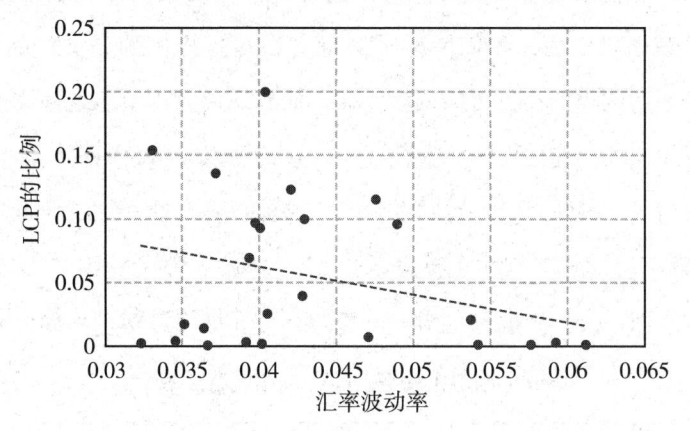

图 3-6　2007~2013 年 LCP 和汇率波动性

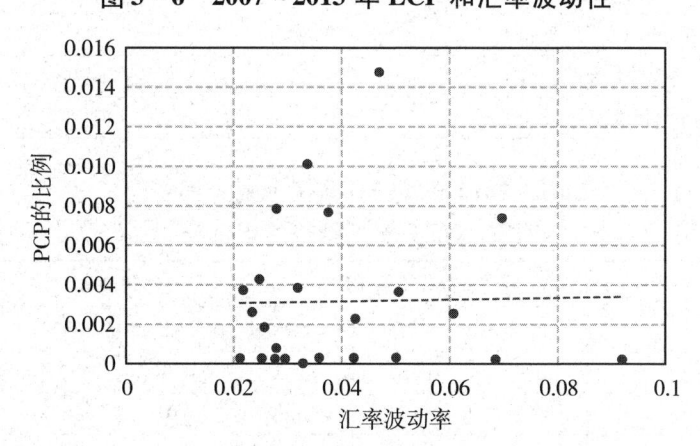

图 3-7　2007~2013 年 PCP 和汇率波动性

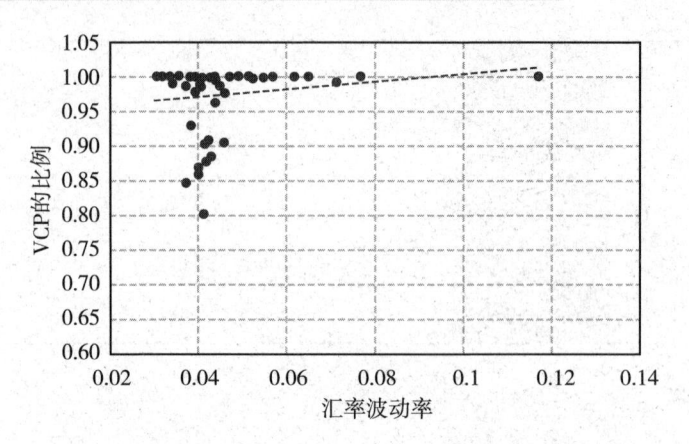

图 3-8　2007~2013 年 VCP 和汇率波动性

最后，我们研究了可能影响货币选择的其他因素，即微观因素和战略因素。微观因素方面，我们考虑了劳奇（1999）提出的分类产品的差异。表 3-10 表明同类商品更可能依赖 VCP，而异质商品则更多地使用 PCP。战略因素方面，我们遵循高柏和铁勒（2013）的观点，将公司规模作为议价能力的关键指标。具体来说，我们将出口商规模的前十个百分位计算为大型出口商的门槛。表 3-11 显示了货币选择、公司规模和财务依赖性之间的关系。我们可以看到，与小规模公司相比，大规模公司的 VCP 份额往往更低。

表 3-10　2007~2013 年货币选择和产品差异化　　单位：%

货币选择	异质商品	同质商品
VCP（第三国货币计价）	73.62	82.33
LCP（终点国货币计价）	26.06	17.52
PCP（生产国货币计价）	0.32	0.14

表 3-11　2007~2013 年按公司规模和对外部资金依赖程度分类的结算货币选择　　单位：%

外部资金依赖程度	公司规模（前10%）			公司规模（其他）		
	PCP	LCP	VCP	PCP	LCP	VCP
低	0.0	12.4	82.5	0.0	17.4	86.7
中等	0.0	35.7	64.3	0.02	28.2	71.7
高	1.4	41.4	57.1	0.1	20.9	79.0

总体来说，我们提供了哥伦比亚数据集的描述性统计数据；报告了大量的横截面和时间序列结算货币选择的变化；评估了结算货币选择和各种驱动因素之间的两两方面的联系，包括财务、宏观、工业、微观和战略因素。尽管哥伦比亚数据集有一些局限性，但它为研究严重依赖贸易融资的小型开放经济体的结算货币选择这一问题提供了机会。如果将来有更好的数据，我们的模型和实证方法可以很容易地推广到其他国家。

3.2.3 实证研究及结果

本节首先介绍主要的计量经济学模型和变量构建方法，然后介绍主要结果并通过几个稳健性检验得出结论。

1. 实证方程和变量构建

我们将哥伦比亚出口到所有目的地国家的全部样本（640万笔交易）作为样本，并将其简化为企业产品目标年份级别（55万个观测值）。用上角标 i、j、e 和 k 分别表示出口商、产品（HS6级别）、目的地国家和行业（HS4级别）。我们还将数据集与进口商信息通过公司 ID 合并，以便区分纯出口商和进口出口商。

因变量为分类变量，指标 L_t^{ije} 包括所有定价策略。令 $L_t^{ije}=0$ 代表 PCP，$L_t^{ije}=1$ 代表 LCP，$L_t^{ije}=2$ 代表 VCP。由于这三种计价方式对于每个公司的产品、目标国家、年份组成的观察值来说是互斥并详尽的，因此可以使用多项 Logit（MNL）估计来分析每种货币的概率选择。在第一个基准回归中，将 PCP 作为默认选项，并将重点放在 LCP 与 PCP 的对比上。因此，MNL 估算得出 LCP 相对于 PCP 的概率。在另一回归中，将 VCP 作为基准选项，并专注于 VCP 与 LCP 的对比。基准方程为：

$$L_t^{i,j,e} = MNL(FD_t^e, FD_t^e \times TFD_t^{i,k}, Import_t^i, Cv_t^e, FirmTop10^{i,k},$$
$$CountryShare_t^{k,e}, HerFindal_t^{i,e}, \delta_r, \delta_s, \delta_t)$$

其中，上角标 i、j、e、k 和 t 分别表示公司、HS6级别产品、目的地国家、HS4 行业和年份；δ_r 表示主要区域的固定效应；δ_s 表示工业固定效应，包括 SITC-1 行业；δ_t 表示年份固定效应；标准误表示为 HS4 级别。

第一个主要解释变量 FD_t^i 为出口目的国相对于哥伦比亚的金融发展水平，测算方法是计算金融中介机构提供给私营部门的财政资源占 GDP 的比重。高水平金融发展代表了高效率、低成本的金融体系，其对应着模型中出口商的 F。这种计算方法已在金融、增长和国际贸易文献中广泛使用。在我们的样本中，金融发展因国家而异。排名后三位的国家分别是刚果（布）、赤道几内亚和伊拉克，排名前三位的国家分别是日本、冰岛和丹麦。我们的模型预测，目的地国家金融发展水平越高，越容易使用 LCP 计价方法，而不是 PCP 方法。更重要的是，由于 VCP 绝大多数是美元，因此，我们在对比 VCP 与 LCP 的第二次回归中使用美国金融发展指标。莱文等（Levine et al., 2012）提供了各种计算金融发展指标的方法，在稳健性检验中，我们使用其他金融发展指标的计算方法，并展示了结果。

为了进一步确定金融因素的影响，我们考虑了企业对外部融资依赖的异质性。首先，使用曼诺娃（2013）的方法，用 $ExtFin^k$ 来代表对外部融资（包括贸易融资）依赖性较强的行业。这种计算是根据电子计算机会计数据库（Compustat）年度工业档案中所有美国上市公司的数据构建的。外部融资依赖程度是用资本支出中的非经营产生现金的融资占比来衡量的。大部分外部资金通过多种方式来自银行，包括信用证和贸易信用证等短期贷款。我们使用这种财务依赖来代替行业中公司使用贸易融资的情况。虽然这种联系对我们来说似乎是合理的，但未来的研究应该凭实证经验建立这种联系。接下来，我们构建一个公司层面的贸易融资依存度度量指标，以进一步探索公司层面的变化。由于缺乏公司财务结构的信息，这里构建了对公司级贸易融资依赖性的间接衡量（TFD）：

$$TFD_t^{i,k} = ExtFin^k \times (-FirmSize_t^i)$$

具体而言，该衡量指标是曼诺娃（2013）的外部财务依赖与公司负面影响的交互项，以每年绝对出口值的对数来表示。我们的逻辑如下：如果公司属于财务脆弱的行业，可能会更加依赖通过银行等中介进行贸易融资；如果公司规模较小，则更可能具有流动性需求和依赖贸易融资（Minetti and Zhu，2011；Manova，2013）。$TFD_t^{i,k}$ 的值对于那些对外部融资依赖性较强行业的小公司会变得更大。换句话说，$TFD_t^{i,k}$ 的值很大表示金融脆弱部门的小公司对贸易融资更加依赖。在所有回归中，我们用到金融发展（FD_t^i）、财务依赖性（$ExtFin^k$）和（log）公司规模（$-FirmSize_t^i$）的三重交互。为了充分利用这一高度分解的数据，我们探索了贸易融资依存度的公司层面变化，通过$TFD_t^{i,k}$ 来确定金融发展的影响。从本质上讲，这是广义二重差分法（DID）识别。正如理论所建议的，我们希望金融因素对那些更依赖外部融资公司的影响更强。

第二个关键的解释变量是 $Import_t^i$，如果出口商在给定年份中既出口又进口，则 $Import_t^i = 1$；如果仅出口，则 $Import_t^i = 0$。我们的模型预测，与纯出口商相比，进口出口商更可能选择 LCP 或 VCP 而不是 PCP。

对于宏观经济变量，我们着眼于汇率波动。Cv_t^e 是双边汇率（COP 和目标货币）之间的变动系数，以每月给定年份的名义汇率的标准差 σ 与平均值 μ 的比率来表示。我们的模型预测，目标国家/地区货币的汇率波动会导致 LCP 较不受欢迎，而 VCP 更具吸引力。我们未添加哥伦比亚比索和美元之间的汇率波动，因为它已经在固定效应中表示了。

我们还控制回归中的一些公司层面的变量。继钟（2016）之后，我们将出口总值计算为公司规模，并将百分位数的前 10 位定义为大公司。具体来说，如果公司规模排在 HS4 行业的前 10%，则 $FirmTop10$ 等于 1，否则为 0。此指标代表出口商的议价能力。关于进口商讨价还价能力，我们同高柏和铁勒（2016）一样，将进口国在 HS4 行业中的市场份额表示为 $CountryShare$。我们还为出口商 $Herfindal_t^{i,e}$ 构建了企业层面的议价能力，即 HS4 国家层面的赫芬达尔（Herfindal）指数。该变量的值越大，意味着市场集中度越高，这意味着对产品的讨价还价能力更高。我们还增加了人均实际 GDP 来控制经济发展。我们实证研究的数据来源和构建方法见表 3–12。

表 3-12　　　　　　　　变量构建和数据来源

变量	描述	数据来源
FD	私人信贷占 GDP 的比例	世界银行
Inflation	进口国 CPI 年同比变化	国际货币基金组织
FX volatility	一年内每月双边汇率变动系数	国际货币基金组织
Real GDP	进口国的实际 GDP, log	世界银行
EFD	除经营现金流外的资本支出份额	曼诺娃（2013）
Firm size	按绝对价值计算的公司一年出口总额的离岸价格	哥伦比亚出口数据集
TFD	= EFD × (- Firm size)	作者计算
Firm size dummy	=1，如果公司规模排在 HS4 行业的前 10%；否则为 0	哥伦比亚出口数据集
Country share	进口国在 HS4 行业中的市场份额	哥伦比亚出口数据集
USD/EUR Peg	=1，如果进口国货币钉住美元或欧元；否则为 0	国际货币基金组织
Homogeneous good	=1，如果有参考定价或者商品进行标准化交换；否则为 0	劳奇（1999）
Importing exporters	=1，如果出口商同年进行进口；否则为 0	哥伦比亚出口数据集
Herfindal（industry）	企业在 HS4 行业的市场份额指标（衡量竞争力）	哥伦比亚出口数据集
Herfindal（country）	进口国家在 HS4 行业的市场份额（衡量竞争力）	哥伦比亚出口数据集
Trade size dummy	=1，如果一年内交易量占总交易量的 5%；否则为 0	哥伦比亚出口数据集
Trans	=1，如果采用海运；否则为 0	哥伦比亚出口数据集
TFD	= Trans × (- Firm size)	作者计算
Crisis	=1，如果交易发生在 2008 年 6 月至 2009 年 6 月；否则为 0	安等（2011）

2. 主要实证结果

在表 3-13 和表 3-14 中，我们总结了基准 MNL 回归的结果，包括

LCP 与 PCP（表 3-13）以及 VCP 与 LCP（表 3-14）的对比。由于 MNL 回归得出的系数估算值是概率比而不是边际效应，因此我们无法直接比较系数值。相反，系数的符号仅应解释为偏离基准选项的方向。我们将在第 3.2.4 节计算和讨论平均边际效应（AME）。

表 3-13　　　　结算货币选择的基准经验结果（LCP 与 PCP）

变量	(1) 金融	(2) 金融	(3) 微观	(4) 宏观	(5) 全部
FD	5.15 *** (0.33)	4.86 *** (0.4)	3.78 *** (0.23)	1.86 *** (0.18)	1.23 *** (0.19)
$Firm\ TFD$		-4.47 *** (1.28)	-3.46 *** (1.10)	-4.32 *** (1.13)	-4.77 *** (1.42)
$FD \times Firm\ TFD$		2.84 *** (0.92)	2.62 *** (0.86)	3.38 *** (0.90)	3.73 *** (1.13)
$Importing\ dummy$			0.58 *** (0.12)	0.52 *** (0.12)	0.44 *** (0.12)
$Exchange\ rate\ volatility$				-55.33 *** (5.30)	-42.51 *** (5.89)
$Firm\ size\ dummy$			-1.36 *** (0.35)	-1.46 *** (0.34)	-1.33 *** (0.34)
$Herfindal\ (industry)$			-0.47 ** (0.23)	-0.33 (0.23)	-0.03 (0.25)
$Herfindal\ (country)$			3.61 *** (0.63)	1.99 *** (0.49)	1.98 *** (0.54)
$GDP\ per\ capita$					1.05 *** (0.07)
$Observations$	545 022	545 022	545 022	545 022	545 022
$Year\ FE$	Yes	Yes	Yes	Yes	Yes
$Industry\ FE$	Yes	Yes	Yes	Yes	Yes
$Geographic\ FE$	Yes	Yes	Yes	Yes	Yes

注：观测值处于公司/产品/目的国/年度层面。默认选择为 PCP，并报告了 LCP 相对 PCP 的估计值。δ_γ 是地区固定效应，δ_s 是 SITC-1 工业标准固定效应。*** 表示在 1% 水平上显著，** 表示在 5% 水平上显著，* 表示在 10% 水平上显著。

表 3-14　　　　结算货币选择的基准经验结果（VCP 与 LCP）

变量	(1) 金融	(2) 金融	(3) 微观	(4) 宏观	(5) 全部
FD	5.95*** (0.32)	6.05*** (0.35)	4.60*** (0.21)	2.47*** (0.17)	1.98*** (0.17)
Firm TFD		-0.28*** (0.08)	-0.03 (0.13)	-0.004 (0.13)	-0.01 (0.12)
FD × Firm TFD		6.74*** (1.37)	5.99*** (1.39)	4.99*** (1.77)	4.89** (2.41)
Importing dummy			-0.23*** (0.05)	-0.18*** (0.04)	-0.09* (0.05)
Exchange rate volatility				70.15*** (3.20)	67.90*** (3.73)
Firm size dummy			0.27** (0.11)	0.18 (0.11)	0.06 (0.11)
Herfindal（industry）			0.46** (0.21)	0.14 (0.16)	-0.30* (0.17)
Herfindal（country）			-4.51*** (0.64)	-3.02*** (0.48)	-2.12*** (0.46)
GDP per capita					-1.52*** (0.05)
Observations	545 022	545 022	545 022	545 022	545 022
Year FE	Yes	Yes	Yes	Yes	Yes
Industry FE	Yes	Yes	Yes	Yes	Yes
Geographic FE	Yes	Yes	Yes	Yes	Yes

注：观测值处于公司/产品/目的国/年度层面。默认选择为 PCP，并报告了 LCP 相对 PCP 的估计值。δ_y 是地区固定效应，δ_s 是 SITC-1 工业标准固定效应。*** 表示在 1% 水平上显著，** 表示在 5% 水平上显著，* 表示在 10% 水平上显著。

表 3-13 和表 3-14 中的第（1）列只包括金融因素。表 3-13 中 FD_t^e 的显著正系数意味着，如果目的地国家的金融发展水平高于哥伦比亚，那么哥伦比亚的出口商将更有可能使用目的地国家/地区的货币。同样，

表3-14中FD_t^e的显著正系数也表明,如果工具货币国家/地区的金融发展(主要是美国金融市场)高于目的地国家/地区的金融发展,哥伦比亚的出口商更有可能使用该国家的货币。这些结果有力地支持了我们模型的预测。

在表3-13和表3-14的第(2)列中,我们添加了一个交互项来确定金融因素的影响。企业层级的贸易融资依存度(TFD)衡量了出口商对外部金融依存度的异质性,因此,我们将其与金融发展指标(FD)交互。表3-13中交互项的系数为正并具有统计意义,这意味着哥伦比亚金融脆弱部门的小型出口商更容易受到金融因素的影响,因此,如果它们要出口到金融更发达的国家,更有可能选择LCP而不是PCP。表3-14也有类似的解释,出口商更有可能选择VCP而非LCP。

综上所述,MNL回归结果表明,出口商倾向于使用蓬勃发展且高效的金融市场国家/地区的货币,特别是对金融脆弱部门的小企业而言,这证实了货币选择中的金融因素。

在表3-13和表3-14第(3)列中加入了进口虚拟变量,并控制其他公司级别的变量(如公司规模),其系数为正,并具有显著性,表明进口出口商更倾向于选择LCP。我们还发现,与纯出口商相比,哥伦比亚进口出口商更倾向于使用LCP而非VCP。

在表3-13和表3-14第(4)列中,进一步添加了宏观经济因素,即汇率波动性。表3-14中Cv_t^e的系数估计为负且具有统计显著性,表明该公司若要出口到波动性更大的目的地国家,PCP比LCP更可取。同样,表3-15中的显著的正系数也表示波动性更大汇率将使概率相对于LCP向VCP转移,这也证实了我们的理论预测。

在表3-13和表3-14第(3)列至第(5)列中,控制了诸如公司的议价能力之类的战略因素。此外,我们在表3-13和表3-14第(5)列中加入了目标国家/地区的人均实际GDP,因为经济发展可能与货币选择有关。我们的结果是可靠的并大力支持模型预测。

3. 稳健性检验

我们考虑三组稳健性测试：(1) 其他控制变量；(2) 金融发展的替代措施 (Levine et al., 2012)；(3) 交易级别检验。结果表明，我们的基准结果是稳健的。

(1) 宏观因素。我们添加了两个虚拟变量来捕获汇率制度。Dpeg 和 Epeg 表示美元钉住和欧元钉住，这是学界研究中都曾考虑过的变量。表 3-15 和表 3-16 的第 (1) 列显示了结果。虽然汇率制度对计价货币的影响不强，但基准回归中那些关键的解释变量仍然很可靠。

表 3-15　加入其他控制变量的稳健性检验（LCP 与 PCP）结果

变量	(1) 宏观因素	(2) 微观因素	(3) 策略因素	(4) 所有控制变量	(5) 除去美国的子样本
FD	1.73*** (0.35)	2.14*** (0.18)	1.91*** (0.16)	1.43*** (0.29)	1.06*** (0.24)
$FD \times Firm\ TFD$	2.97** (1.21)	3.80*** (0.99)	2.87** (1.46)	3.15** (1.35)	3.22** (1.45)
$Importing\ dummy$	0.65*** (0.15)	0.33*** (0.12)	0.53*** (0.12)	0.76*** (0.16)	0.81*** (0.16)
$Exchange\ rate\ volatility$	-227.09*** (22.07)	-83.72*** (6.28)	-72.96*** (4.90)	-199.01*** (24.03)	-89.05*** (31.33)
$Dollar\ peg$	1.48** (0.59)			1.64*** (0.50)	3.12*** (0.59)
$Euro\ peg$	3.71*** (0.43)			3.30*** (0.41)	2.49*** (0.41)
$Homogeneous\ goods$		0.33* (0.19)		0.41 (0.28)	0.45 (0.28)
$Firm\ size\ (Absolute\ Value)$			0.61 (0.79)	0.01 (0.06)	-0.01 (0.06)
$Herfindal\ (industry)$			0.40* (0.24)	-0.23 (0.24)	-0.33 (0.24)
$Herfindal\ (country)$			2.26*** (0.51)	1.81*** (0.61)	2.15*** (0.69)

第3章 贸易、金融和货币国际化的微观证据与理论分析

续表

变量	(1) 宏观因素	(2) 微观因素	(3) 策略因素	(4) 所有控制变量	(5) 除去美国的子样本
Inflation	-1.19*** (0.09)	-0.38*** (0.04)	-0.38*** (0.04)	-1.12*** (0.10)	-0.95*** (0.09)
Firm size dummy	-1.24*** (0.40)	-1.60*** (0.34)	-1.53*** (0.34)	-1.22*** (0.39)	-1.20*** (0.39)
Year FE	Yes	Yes	Yes	Yes	Yes
Industry FE	Yes	Yes	Yes	Yes	Yes
Geographic FE	Yes	Yes	Yes	Yes	Yes

注：观测值处于公司/产品/目的国/年度层面。默认选择为 PCP，并报告了 LCP 相对 PCP 的估计值。δ_y 是地区固定效应，δ_s 是 SITC-1 工业标准固定效应。*** 表示在 1% 水平上显著，** 表示在 5% 水平上显著，* 表示在 10% 水平上显著。

表 3-16　加入其他控制变量的稳健性检验（VCP 与 LCP）结果

变量	(1) 宏观因素	(2) 微观因素	(3) 策略因素	(4) 所有控制变量	(5) 除去美国的子样本
FD	2.51*** (0.33)	2.73*** (0.17)	2.51*** (0.14)	2.27*** (0.26)	1.68*** (0.23)
FD × Firm TFD	2.87** (1.08)	5.52** (2.27)	5.42** (2.06)	3.36*** (1.29)	59.65*** (13.56)
Importing dummy	-0.008 (0.07)	-0.005 (0.06)	-0.19*** (0.05)	-0.07 (0.07)	0.05 (0.18)
Exchange rate volatility	242.5*** (21.2)	98.4*** (5.6)	87.7*** (3.2)	215.2*** (23.0)	30.16*** (8.96)
Dollar peg	-1.53*** (0.58)			-1.66*** (0.48)	3.61*** (0.63)
Euro peg	-4.89*** (0.32)			-4.54*** (0.32)	-5.12*** (0.31)
Homogeneous goods		-0.03 (0.07)		-0.07 (0.11)	-0.34* (0.18)
Firm size（Absolute Value）			0.02 (0.02)	0.05** (0.02)	-9.57*** (3.25)

续表

变量	(1) 宏观因素	(2) 微观因素	(3) 策略因素	(4) 所有控制变量	(5) 除去美国的子样本
Herfindal（industry）			0.22 (0.17)	-0.34** (0.13)	0.84*** (0.30)
Herfindal（country）			-3.28*** (0.51)	-2.88*** (0.49)	0.04 (0.61)
Inflation	1.18*** (0.09)	0.41*** (0.04)	0.42*** (0.03)	0.09** (0.04)	0.01 (0.02)
Firm size dummy	0.14 (0.16)	0.26** (0.12)	0.18 (0.12)	0.08 (0.13)	1.0*** (0.36)
Year FE	Yes	Yes	Yes	Yes	Yes
Industry FE	Yes	Yes	Yes	Yes	Yes
Geographic FE	Yes	Yes	Yes	Yes	Yes

注：观测值处于公司/产品/目的国/年度层面。默认选择为PCP，并报告了LCP相对PCP的估计值。δ_y是地区固定效应，δ_s是SITC-1工业标准固定效应。*** 表示在1%水平上显著，** 表示在5%水平上显著，* 表示在10%水平上显著。

（2）微观因素。微观因素方面增加了产品差异化程度。我们遵循劳奇（1999）的观点，将SITC-4级别分为两个子级别：具有参考价或标准汇率的同质商品和异质商品。我们构造了一个虚拟变量，如果商品是同质的，则变量等于1；否则，等于0。表3-15和表3-16的第（2）列显示金融因素的主要结果很稳健。

（3）战略因素。我们用一年之内加总出口值来衡量公司规模。结果列示在表3-15和表3-16的第（3）列中。与公司规模前10%的公司相比，绝对公司规模和公司的*Herfindal*指数无法提供可靠的结果。同样地，我们基准模型的关键结果保持稳健。

（4）所有控制变量（完整样本和非美国子样本）。表3-15和表3-16的第（4）列考虑了所有控制变量，包括财务、宏观、工业和战略决定因素。金融发展的影响是稳健的。由于数据中美国数据占很大比重，且有更大的 LCP 份额，因此担心放弃美国贸易之后结果会受影响是合理的。表 3-15 的第（5）列不包括以美国为出口目的地的数据，并加入所有控制变量进行了实证检验。金融发展对结算货币选择的影响系数发生了变化，但在统计上依然是显著的。表 3-16 中的第（5）列不包括美元，因为它占用了较大的 VCP 份额，主要结果仍然稳定。

（5）金融发展指标的重新测量。我们使用其他五种计算金融发展的指标来评估主要经验结果的稳健性。这些指标与金融中介机构的效率、稳定性、深度和获取渠道有关。第一，银行的资产收益率是商业银行的税前收入占年平均总资产的比例。第二，银行的存贷利差是贷款利率与存款利率之间的差额。贷款利率是银行对私人部门贷款收取的利率，存款利率是商业银行提供给私营部门三个月存款的利率。较高的利差意味着较低的融资效率和更多的财务压制。第三，银行的 Z-score 记录了一个国家银行系统违约的概率，并且将一国银行系统的缓冲（资本和回报）与这些回报的波动性进行比较。银行的 Z-score 与金融中介机构的稳定性有关，其值越高代表银行部门的风险越小。第四，存款银行提供的私人贷款是指存款金融中介机构提供的私人信贷与 GDP 的比值。该衡量指标与金融深度有关，值越高，意味着金融中介机构越发达。第五，每 10 万人的银行分行数量衡量了一个国家获得银行服务的机会，更高的值意味着在该国获得银行服务相对容易。

表 3-17 不同的 FD 度量方法的稳健性检验（LCP 与 PCP）结果

变量	(1) 银行利润	(2) 存贷利差	(3) 银行 Z-score	(4) 存款货币银行	(5) 银行支行
FD	0.29 *** (0.07)	-0.03 ** (0.01)	0.20 *** (0.01)	0.01 *** (0.002)	0.02 *** (0.002)
FD × Firm TFD	0.21 ** (0.09)	-0.14 (0.09)	0.11 *** (0.02)	0.05 *** (0.01)	0.02 *** (0.005)
其他控制变量	与基准回归中的控制变量相同				

续表

变量	(1) 银行利润	(2) 存贷利差	(3) 银行 Z – score	(4) 存款货币银行	(5) 银行支行
Observations	508 799	353 695	509 037	501 480	503 134
Year FE	Yes	Yes	Yes	Yes	Yes
Industry FE	Yes	Yes	Yes	Yes	Yes
Geographic FE	Yes	Yes	Yes	Yes	Yes

注：观测值处于公司/产品/目的国/年度层面。默认选择为PCP，并报告了LCP相对PCP的估计值。δ_y是地区固定效应，δ_s是SITC–1工业标准固定效应。*** 表示在1%水平上显著，** 表示在5%水平上显著，* 表示在10%水平上显著。

结果如表3–17所示。除了银行存贷利差外，其他衡量金融发展的指标值较高，代表着金融机构在金融效率、稳定性、深度和可及性方面越发达。在模型中，它们都对应较低的财务成本。我们在金融因素方面的主要成果仍然保持稳健：如果目的地国家的金融中介机构更加发达和高效，则哥伦比亚出口商倾向于使用目的地国家的货币，尤其是对于经济脆弱部门中的小公司而言。在表3–17第（2）列中，较高的银行存贷利差代表金融中介机构效率较低，结果表明，如果目的地国家的金融系统效率低下，则出口商倾向于使用本国货币，尤其是对金融脆弱行业中的小型出口商而言。所有结果都支持模型对于财务渠道效果的预测。

4. 交易方面检验

这里在交易方面执行稳健性检验，并侧重于金融因素对计划货币选择的影响。对于外部财务依赖性，将用以下方法计算度量交易级别的指标：

$$TFD_t = Trans_t \times (- Firm_{Size}^t)$$

其中，$Trans_t$代表每笔交易的运输方式。我们定义若通过海运发货，则$Trans_t = 1$；若通过其他运输方式，则$Trans_t = 0$。这是由安等（2011）提出的：海运产品需要更长的交货时间，因此出口商将更多地依赖贸易融资。此外，较小的公司倾向于依赖贸易融资。所以，TFD越高就意味着对外部融资的依赖性越强。我们加入了金融危机的虚拟变量，如果交易在2008年

6月至2009年6月之间发生,则变量为1;否则为0。我们将金融危机的虚拟变量与交易模式虚拟变量进行交互,以查看贸易大跌的影响及其对货币选择的影响。交易方面的市值检验结果如表3-18所示。

表3-18 交易层面检验结果

变量	(1) LCP	(1) VCP	(2) LCP	(2) VCP	(3) LCP	(3) VCP
FD	2.8***	-1.1***	3.4***	-0.7***	4.1***	-0.7***
Firm size dummy	-3.7***	-3.0***	-5.3***	-4.7***	-5.4***	-4.3***
CPI	-0.69***		-0.65***		-0.24***	
Cv		23.6***		15.3**		14.4***
Trade size dummy	-1.4**	-0.5***				
FD × TFD			4.5	9.4***		
Trams × Crisis					-1.12*	-1.06***
Observations	4 490 473	4 490 473	4 490 473	4 490 473	4 490 473	4 490 473
Year FE	Yes	Yes	Yes	Yes	No	No
Industry FE	Yes	Yes	Yes	Yes	Yes	Yes
Geographic FE	Yes	Yes	Yes	Yes	Yes	Yes

注:***表示在1%水平上显著,**表示在5%水平上显著,*表示在10%水平上显著。

表3-18报告了三种不同的结果。第(1)列考虑了所有主要的解释变量,并加入了代表交易规模的虚拟变量。第(2)列考虑了金融发展与交易方面体现贸易融资依赖性的交互项。结果表明,金融因素在考虑了交易方式的影响之后在统计上仍是显著的。具体来说,更依赖贸易融资的交易将更有可能采取VCP的计价方法。第(3)列加入了金融危机虚拟变量。结果表明,在金融危机期间,以美元进行贸易融资受到限制后,计价货币选择从VCP转向PCP和LCP。

3.2.4 经济意义

在MNL回归中,无法通过直接比较系数来衡量经济意义。因此,我们计算平均边际效应（AME）。这衡量了解释变量增加一个标准差之后对结算货币选择产生的影响。就我们所知，本书是第一个在经济意义上计算各种决定因素对结算货币选择的影响，并对影响大小进行排序的研究。

表 3-19 报告了我们的基准回归结果。对结算货币选择影响最大的因素是经济发展，以人均国内生产总值来衡量。目的地国家人均国内生产总值每增加 1 个标准差，就会使选择 LCP 的机会增加 7.6%。排名第二位的因素是金融发展：目的地国家/地区的金融发展程度每增长 1 个标准差，将使选择 LCP 的可能性提高 3.6%。同样，若美国金融市场发达程度相对于目的地国家之间增加 1 个标准差，则会使选择 VCP 的概率增加 2.9%。排名第三位的决定因素是本国和目的地国家/地区之间货币汇率的波动性。汇率波动的标准差增加 1 单位，会使 LCP 的选择概率相对于 PCP 降低 3.5%，但会增加 VCP 的选择概率 3.5%。其他决定因素（如产业和战略因素）的影响则要小得多。

表 3-19　主要决定因素的平均边际效应（AME）　　　　　　单位：%

项目	人均 GDP	FD	Cv	出口商是否同时进口的哑变量	公司规模哑变量
LCP 与 PCP	+7.6	+3.6	-3.5	+0.2	-0.2
VCP 与 LCP	-7.8	+2.9	+3.5	-0.1	-0.4

这些实证结果为新兴市场经济体的政策实施提供了建议。新兴市场经济体相对于发达国家来说，更依赖于通过银行进行融资。据国际商会银行委员会（2016）统计，新兴市场经济体进出口贸易融资业务总额分别占全球贸易融资总额的 73% 和 77%。这些现象凸显了在国际贸易中对于货币选择考虑金融发展程度的必要性，也强调了它的重要性。根据模型结果，如果出现具有中等金融发展水平的市场经济体，如中国，成功地将其金融系统升级到最高水平（三个标准差的增长），其在国际贸易中的本币使用量将增加 10% 以上（3.6%×3=10.8%）。

3.3 金融约束下的出口企业结算货币选择的理论分析

在实证研究之后，本书建立了一个在价格黏性条件下的三国模型，将跨国公司内生的结算货币选择与金融因素相联系。这一模型也延续了结算货币选择理论的很多传统。例如，在诺维（2006）以及高柏和铁勒（2008）的模型中，出口商生产最终产品需要来自国内和国外的中间商品，因此，其货物成本与在各国的金融费用都相关；本书将贸易融资作为金融费用一个重要的组成部分，同时各国的金融系统因其提供的贸易融资不同而在效率上有高低之别。在保留了很多传统设定的同时，本书假设中的一大亮点就在于跨国公司能够在汇率冲击实现之前选择最终出口商品的计价货币来最大化期望收益（来自外国的中间商品假定用外国货币计价），且不同公司对于贸易融资的依赖程度存在异质性。

模型结果说明：（1）金融摩擦更少的货币更可能被跨国公司所选择，尤其是那些非常依赖于外部融资的公司；（2）如果出口商从他国进口中间商品用于最终商品的生产，那么更有可能选择终点国货币和工具货币而非生产国货币进行计价；（3）如果存在单一主导货币的发行国，当双边汇率波动程度较低（高）时，终点国货币（工具货币）更受欢迎。

3.3.1 模型背景

假设世界上有三个国家，分别为1、2、3。每个国家的企业都可生产贸易品，假设每个企业都在连续[0，1]情况下生产。在此情况下，每个国家的消费者最大化其消费指数，这一指数为所有可进行贸易的商品指数的组合：

$$C_j \equiv \left(\int_0^1 (c_{ij})^{\frac{\rho-1}{\rho}}\right)^{\frac{\rho}{\rho-1}}, \rho > 1, j = 1,2,3 \tag{3.1}$$

其中，c_{ij}指第j个国家的消费者对商品i的消费；参数$\rho > 1$为商品之间的替代弹性，并假定在各个国家中都相同。商品价格以价格指数来衡量，定义为每一单位商品组合的最低成本：

$$P_j \equiv \left(\int_0^1 (p_{ij})^{1-\rho}\right)^{\frac{1}{1-\rho}} \quad (3.2)$$

其中，p_{ij}为商品c_{ij}的价格，因此，商品c_{ij}的需求函数设定如下：

$$c_{ij} = \left(\frac{p_{ij}}{P_j}\right)^{-\rho} C_j \quad (3.3)$$

企业方面，本书借鉴了诺维（2006）的方法，将中间产品纳入生产函数。以国家1的企业为例，其最小化成本问题如下：

$$Cost_1 = R_1 F_1 N_{11} + e_{12} R_2 F_2 N_{12} + e_{13} R_3 F_3 N_{13}$$

$$\text{s. t. } N_{11}^{\alpha_{11}} N_{12}^{\alpha_{12}} N_{13}^{\alpha_{13}} = Y_1$$

$$F_i = f_i N_{1i}^{\beta_i}, \beta_i > 0, f_i > 0, i = 1, 2, 3 \quad (3.4)$$

其中，$Cost_j$为国家j的企业以本国货币计价情况下的总成本；e_{ji}是国家j相对于国家i的名义汇率；国家j的企业以柯布－道格拉斯（Cobb-Douglas）技术方法来生产最终商品Y_j；N_{ji}为国家j的企业从国家i进口的中间商品；α_{ji}为中间产品在生产过程中的权重。例如，对于国家1来说，N_{11}代表国家1自身国内要素投入，N_{12}则代表来自国家2的外来要素投入；α_{12}越高，意味着国家1的企业更多依赖于从国家2进口的中间产品。

金融摩擦在企业成本函数中体现。本书以$F_i = f_i N_{1i}^{\beta_i}$来反映国际贸易金融层面的额外成本，这种方法曾被用来衡量交易成本，如范等（2015）的研究。这种金融损失是普遍的，可以被解释为贸易融资过程中的交易成本，或由于贸易过程中金融中介机构融资效率低下所带来的成本。尽管这种金融成本具有特点，并且为简化形式，但在国际贸易方面有令人信服的经验证据。安等（2011）、曼诺娃（2013）都曾详细研究了贸易融资对国际贸易方方面面的影响。艾肯格林（2011）从历史数据角度研究了美元升值背景下贸易信贷的重要性。β越高，意味着更高的金融成本，或者更低水平的金融发展。

另外,本书假定中间产品的计价货币采用 PCP 方式,那么 $e_{ji}R_i$ 就是国家 i 中间产品在以国家 j 货币计价下的边际成本。例如,若以国家 3 代表美国,则国家 1 进口以美元计价的中间产品如原油。这个假设与坎帕和高柏(2005)研究的进口价格的高传递程度的经验证据相一致。[①] 不仅如此,本书还假定生产技术在调整了金融成本之后符合固定规模原则(CRS),即 $\dfrac{\alpha_{11}}{1+\beta_1} + \dfrac{\alpha_{12}}{1+\beta_2} + \dfrac{\alpha_{13}}{1+\beta_3} = 1$,正如诺维(2006)和钟(2016)研究中所采用的假设。

3.3.2 期望利润和内生货币选择

本书遵循戈德堡和铁勒(2008)的方法,允许企业在汇率冲击实现的前一期内选择价格。将企业成本最小化函数与总需求函数[式(3.1)]相结合,可推导出国家 1 的出口商(出口到国家 2)分别在不同计价货币情况下 PCP、LCP 和 VCP 的期望利润函数。

$$E(\pi_{12}^1) = E\left[(p_{12}^1 - M_1)\left(\dfrac{e_{21}p_{12}^1}{P_2}\right)^{-\rho} C_2\right] \tag{3.5}$$

$$E(\pi_{12}^2) = E\left[(e_{12}p_{12}^2 - M_1)\left(\dfrac{p_{12}^2}{P_2}\right)^{-\rho} C_2\right] \tag{3.6}$$

$$E(\pi_{12}^3) = E\left[(e_{13}p_{12}^3 - M_1)\left(\dfrac{e_{23}p_{12}^3}{P_2}\right)^{-\rho} C_2\right] \tag{3.7}$$

其中,$M_1 \equiv (s_{11}^{s_{11}} s_{12}^{s_{12}} s_{13}^{s_{13}})^{-1} (f_1 R_1)^{s_{11}} (e_{12} f_2 R_2)^{s_{12}} (e_{13} f_3 R_3)^{s_{13}}$,$s_{1i} \equiv \alpha_{1i} / (1+\beta_i) \ \forall i \in 1,2,3$。这里 π_{ji}^k 和 p_{ji}^k 分别是国家 j 出口到国家 i 的商品在结算货币选择 k 下的利润和价格。不同计价货币情况下的最优价格选择可以通过最大化期望利润的一阶条件得到。

[①] 这种假设反映了国际贸易中一些进口要素,特别是原油和原材料等商品,大多是以美元计价的事实。因此,在我们的模型中也进行如此假设,以简要讨论进口要素对结算货币选择的影响,并保持将金融因素作为模型的重点。

企业的货币选择取决于名义汇率的随机特征。在这样一个三国模型中，本书假定名义汇率 e_{12} 和 e_{13} 服从联合对数正态分布，为了方便简化，还假定汇率的均值为 0。虽然本书并没有对这些汇率波动的来源进行建模，但正如德弗罗等（2004）所研究的那样，这可能与每个国家的货币政策不确定性有关。联合对数正态分布如下：

$$\ln \begin{pmatrix} e_{12} \\ e_{13} \end{pmatrix} \sim N\left(\begin{bmatrix} 0 \\ 0 \end{bmatrix}, \begin{bmatrix} \sigma_{12}^2 & \sigma_{23} \\ \sigma_{23} & \sigma_{13}^2 \end{bmatrix}\right) \tag{3.8}$$

因此，得到了对数正态分布的矩母函数为 $E(e_{12}^r e_{13}^s) = \exp\left[\frac{1}{2}(r^2\sigma_{12}^2 + s^2\sigma_{13}^2 + 2rs\sigma_{23})\right]$，这极大地方便了本书后续的分析。

考虑到名义汇率的随机性，公司通过比较预期利润水平来选择其最佳计价币种。如上所示，预期利润函数主要取决于财务成本、进口商品的份额以及汇率的不确定性。例如，如果 $E\pi_{12}^1 > E\pi_{12}^2$，并且 $E\pi_{12}^1 > E\pi_{12}^3$，则企业会选择以出口商所在国货币计价而非 LCP 和 VCP。应当指出的是，在该模型中，只有出口商才具有单方面的权力来作出货币币种选择。这与实际模式是一致的，并广泛用于为结算货币选择模型。

首先，讨论融资成本对结算货币选择的影响。我们通过令 $\sigma_{23} = 0$ 和 $\sigma_{12}^2 = \sigma_{13}^2 = 1$ 来关闭汇率渠道，以便对金融渠道进行清晰的分析。我们将母国的金融发展定义为母国金融成本的同时下降和外国金融成本的增加。这些简化的假设将出口商的货币选择转换为以下条件。

$$\text{偏好 PCP} <=> \max\left\{\frac{\alpha_{12}}{1+\beta_2}, \frac{\alpha_{13}}{1+\beta_3}\right\} < \frac{1}{2} \tag{3.9}$$

$$\text{偏好 LCP} <=> \frac{\alpha_{12}}{1+\beta_2} > \max\left\{\frac{1}{2}, \frac{\alpha_{13}}{1+\beta_3}\right\} \tag{3.10}$$

$$\text{偏好 VCP} <=> \frac{\alpha_{13}}{1+\beta_3} > \max\left\{\frac{1}{2}, \frac{\alpha_{12}}{1+\beta_2}\right\} \tag{3.11}$$

如果国家 1 进一步发展其金融市场，并且金融成本显著降低，那么这等效于 $\beta_1 \downarrow$、$\beta_2 \uparrow$ 和 $\beta_3 \uparrow$，这显然会使式（3.5）中的条件更容易成立。

基于类似的推理，国家 2 和国家 3 的金融发展将使式（3.6）和式（3.7）中的条件分别更有可能成立，从而增加其货币对公司的吸引力。

其次，讨论金融成本（β）和贸易融资依赖。请注意，我们的模型提供了一个简单的概念框架，该框架将指导我们对来自哥伦比亚的新颖数据进行实证研究。在此简单模型中，关键机制是与参数 β 相关的财务成本。基准模型中的一个隐含假设是：一个国家中的所有出口商将完全依赖此财务渠道。实际上，不同的国家和公司可能不会完全依靠金融中介，因此可能不会完全产生金融成本。确实，在我们的经验部分中，我们构造了公司级贸易融资依赖度量，以探讨企业对贸易融资的异类依赖。在模型中，我们可以通过将额外的金融成本扩展为更一般的形式 $F_i = f_i N_{ji}^{\lambda_i \beta_i}$，简单地引入对外部金融的部分依赖关系，其中 $\lambda_i \in [0, 1]$ 是贸易融资的程度。依赖关系，或更笼统地说，是对财务渠道的依赖程度，λ 越高，表示对财务渠道的依赖程度越高。例如，国际商会银行委员会（2016）研究认为，新兴市场出口商对贸易融资的依赖性更高。通过简单扩展，λ 是金融渠道上的折现因子，因此，很明显，如果该国的公司更依赖外部融资（$\lambda\uparrow$），则金融因素的作用将会增强。我们在结论 1 中总结了这一结果。

结论 1：财务成本较低的货币更有可能由出口商选择，尤其是那些更依赖外部融资的货币。

计价货币的另一个重要决定因素是进口中间商品的份额 α_{ij}。显然，如果来自目标国家（α_{12} 相对较高）或来自第三国（α_{13} 较高）的中间输入更多，则更可能满足式（3.6）或式（3.7）。LCP 或 VCP 较 PCP 更有可能被选择。这与钟（2016）的预测一致。结论 2 总结了这一结果。

结论 2：如果出口商从目的地/第三国进口较大份额的中间产品，则他们更喜欢 LCP/VCP。

最后，讨论汇率波动对结算货币选择的影响。从矩生成函数可以看出，名义汇率的方差与 σ_{12}^2、σ_{13}^2 和 σ_{23} 相关。在这里，我们考虑 $\sigma_{23} > 0$ 的情况，以便 e_{12} 和 e_{13} 始终沿相同方向移动。① 另外，我们令 $\sigma_{23}=1$ 来固定其值，这样汇率波动就可以完全由 σ_{12}^2 和 σ_{13}^2 捕获。我们对国家 3 占主导地位的不对称情况感兴趣，因为美国是国际货币体系中的主导国家。② 我们发现，如果目的地国家的货币（在我们的示例中是国家 2）汇率波动性较低（σ_{12}^2 相对较小），则选择 LCP；如果 e_{12} 或 e_{13} 的汇率波动过大，则 VCP 成为最佳选择。这与高柏和铁勒（2008）的研究结果一致。我们在结论 3 中总结此结果。

结论 3：在国家 3 占主导地位的非对称情况下，当国家 1 的公司向国家 2 出口时，如果汇率波动率较低，则首选 LCP；如果汇率波动率较高，则首选 VCP。

3.4 结论

企业在国际贸易中对计价货币的选择具有重要的政策含义，但迄今为止，人们对金融因素与结算货币选择之间的内生关系知之甚少。受艾肯格林（2011）的经验启发以及戈平纳斯（2015）发起的研究提议，本章着眼于一种新的金融机制，即出口商根据金融发展情况内生选择计价货币。我们建立了一个三个国家、三种货币的黏性价格模型，刻画了融资成本来探讨内生货币选择的决定因素。关于融资成本，我们将银行中介贸易融资看作一个合理的渠道，而相关的融资成本是特定于货币且随时间变化的。出口商在价格黏性和进口以外币计价的中间品的情况下，同时考虑融资成本和对冲，作出最佳的结算货币选择。

我们提供了新的公司层面的实证证据，通过使用来自哥伦比亚的新颖

---

① 当 $\sigma_{23}<0$ 时，财务成本的作用将更为重要，因为如果该国拥有较大的市场份额，那么套期保值的动机将使企业进一步选择一种货币。

② 国际货币体系仍然由美元主导，美元在商品交易和金融交易中都扮演着国际货币的角色。

数据集，证明了金融因素会严重影响结算货币选择。我们发现，出口商倾向于使用具有发达和有效金融市场的国家的货币，尤其是金融脆弱部门中的小公司。从经济意义上讲，金融因素在各种决定因素中排名第二位（在经济发展之后）。结果非常可靠并且为模型的预测提供了有力的支持。它们是全新的，我们认为这是对现有有关国际贸易中结算货币选择文献的重要贡献。此外，我们发现，外汇波动性较高会增加使用工具货币的机会；工业和战略因素仅对公司结算货币选择产生次要影响。这些结果强调了金融因素对结算货币选择的影响，对新兴市场经济体制定关于货币计价的政策具有重要意义。

尽管我们提供了第一步的研究——将金融因素添加到三国黏性价格的模型中研究内生货币选择问题，我们对于融资成本的建模为简化形式。未来会将金融中介的作用和相关的融资成本内生化。此外，使用其他发展中国家公司的数据来检验模型的预测也是很有意义的，这可以检验实证结果的稳健性。

本书研究也从出口商企业层面的角度进一步分析微观主体在国际贸易和金融活动中的货币选择行为。哥伦比亚央行提供了哥伦比亚2007~2013年企业层面的详细数据，其中包含出口企业每一笔交易计价结算货币的选择信息。在国际货币选择领域，最新的文献已经开始利用企业微观层面的交易级别数据，对已有研究成果进行了广泛的扩展。戈德堡和铁勒（2016）利用加拿大的进口交易数据进一步确认了交易数额、市场份额等微观因素对国际货币选择的重大影响。钟（2016）利用英国2011年的进出口数据，证明了厂商进口中间品所用货币与出口最终产品所选择的结算货币具有高度正相关性。德弗罗等（2017）同样使用加拿大的进口交易数据证明了厂商规模大小与货币选择之间存在非单调关系：极大或极小的厂商倾向于使用外币，而中等规模的厂商更愿意使用本币。但是，目前还没有使用新兴市场国家数据进行的研究，尤其是像哥伦比亚这种比较依赖贸易融资、金融市场欠发达的国家和地区。由于中国海关和中国人民银行并未提供带有货币信息的每笔国际贸易的明细数据，我们不能直接使用中国的数据对模型进行检验，但是，通过对哥伦比亚出口商的研究，对于其他包括中国在内的新兴市场国家也有一定的借鉴意义。

第4章
金融政策与货币国际化：历史经验

4.1 主要国家的金融政策和其本币国际化

本节通过回顾英国、美国、日本、德国这四个在国际金融市场上具有重要影响的国家的金融开放过程以及四国金融开放的程度，归纳总结出这些国家在实现金融开放过程中促进本币国际化的经验与教训。

4.1.1 英国：金融改革打造自由开放的金融市场

英国最早的金融开放政策可以追溯到19世纪。在19世纪之前，欧洲各国主要奉行重商主义思想。重商主义重视财富的积累，认为应该鼓励外国货币的流入而限制本国货币的流出，同时在贸易上主张多出口少进口，从而实现货币财富的绝对积累。在16~18世纪，英国的贸易政策也基本上奉行重商主义。而以亚当·斯密为代表的古典主义学派则认为财富来自生产而不是流通，应当鼓励自由贸易和自由竞争，并建立自由市场。事实上，晚期的重商主义也开始倾向于建立禀赋可以自由流动的市场。从重商主义到古典主义的转变主要体现在对于自由贸易的认识上，同时也放松了对于货币自由流动的限制。贸易和资本的自由流动促进了英国的对外贸易，并将英镑带向了全世界，英国因此逐渐成为世界经济和金融中心，而英镑也成为能够与黄金等价的货币，成为金本位制国际货币格局的中心。

两次世界大战对英国的经济和金融造成了严重的破坏，而第二次世界大战之后英国工党政府推行的企业国有化浪潮也在一定程度上抑制了英国金融业的发展。1947年，英国为了兑现1946年美国提供贷款时签订的协议，在国内经济尚处于价格管控、必要物资仍需大量从美国进口的情况下，强行实现了资本项目可兑换，结果导致资本大量外流，外汇储备在数周内消耗殆尽，英国被迫停止了资本项目的可兑换。

欧洲美元市场形成后，英国通过内外区别对待的金融开放政策成为欧洲美元市场的交易中心。由于美国实行马歇尔计划以及贸易逆差带来了大量的美元输出，而美国本身对于本国居民投资国外资产采取限制政策，导致了欧洲美元市场的产生。英国将国内以英镑计价的金融交易和国际金融活动进行区别对待，对于不以英镑计价的国际金融活动采取了一系列放松金融管制的措施。这些金融开放政策帮助英国成为二战后欧洲美元市场的交易中心。

英国的金融开放改革是一步到位式的。1979年，英国取消了资本管制，并在半年内实现了资本项目的完全放开。1986年，撒切尔政府通过实施"金融大爆炸"实现了金融市场的快速开放。这次"金融大爆炸"主要针对伦敦证券交易所进行了改革。这次改革对内要求伦敦证券交易所放弃固定佣金制，允许外国公司加入成为会员，并且取消了之前经纪商和交易商不能互兼的规定；对外则实行开放金融服务业的政策。第一次"金融大爆炸"之后，分业式的金融监管已经无法满足市场的需要，1991年国际商业信贷银行破产，1995年巴林银行破产。因此，英国实行了"第二次金融大爆炸"，对于金融监管体制进行了改革，通过2000年的《金融市场与服务法案》，建立起了由英格兰银行、金融服务局、财政部三方分管的金融监管体系。第二次"金融大爆炸"使英国建立起了灵活的统一金融混业监管体制。

两次"金融大爆炸"帮助英国构建了一个开放自由的金融市场，使伦敦国际金融中心成为世界上国际化程度最高的金融中心，吸引了来自世界各地的企业和金融机构。尽管早在1983年英国政府就已经和伦敦证券交易所签署了金融开放的协定，但是三年的缓冲期未能弥补英国本土证券公司缺乏混业经营经验的弱点，因此，在第一次"金融大爆炸"改革后英国本土证券机构基本都丧失了控制权。不过,开放的金融市场环境大大促进了英国金融业的发展,英国的证券业也实现了复苏。在英国完成两次"金融大爆炸"的同时,美国则于2002年通过了《萨班斯-奥克斯利法案》,使在美国本土上市的外国企业需要承担额外的成本,结果导致大量企业转向了伦敦金融市场。2007年,在伦敦证券交易所主板、专业证券市场及高成长市场上融资的外国公司达到86家,总额达到了290亿美元;而同年在纽约证券交易所上市的外国公司仅有33家,总额为140亿美元。①

英国作为经济实力雄厚的老牌资本主义国家,具有深厚的金融底蕴,这是英国在金融开放过程中具有的先天优势。尽管二战后英国的经济相对实力在资本主义世界中有所下降,但是它把握住了重要的机遇,成功地打造了仅次于美国的金融中心。英国金融开放的主要特点就是无与伦比的自由与开放,伦敦国际金融中心比纽约国际金融中心更开放,从而吸引了大量外国企业和资本,为英国的经济发展提供了助力。

4.1.2 美国:金融开放促成美元体系

美国的金融开放是在金融监管与金融创新的博弈中实现的。1929年之前,美国的金融业长期处于行业自律的混业经营状态。1929年"大萧条"之后,美国加强了对于金融业的监管。美国国会于1933年通过了《格拉斯-斯蒂格尔银行法案》,规定银行业必须实行分业经营,而该法案中的Q条例则对银行的存款利率实行了限制。

二战后的布雷顿森林会议确立了美元作为国际货币的中心地位,美国通过马歇尔计划实现了大量的美元输出。而从20世纪50年代到60年代初期,美国陷入长期财政、贸易双赤字的窘境。为了限制资本的外流,美国国会于1964年通过了《利息平衡税法》,规定美国人购买外国发行的证券

---

① 林铁钢:《创建一个更加国际化的资本市场——访伦敦证券交易所主席克里斯·吉布森-史密斯(Chris Gibson-Smith)》,载于《中国金融》2008年第18期。

时需要交纳利息平衡税，实际上限制了外国进入美国的资本市场。此外，美国还于 1965 年制定了自愿信贷控制计划，要求美国银行自愿限制那些进行对外直接投资的跨国企业的贷款，这个计划从 1968 年开始变为强制执行。这些对于资本流动的限制措施对于抑制美国私人资本的外流起到了一定的作用，但是并没能改善美国的国际收支账户，反而促进了欧洲美元市场的产生。

美国对于本土银行的国内业务进行了较为严格的管控，除了强制的分业经营外，本土银行的跨地域经营也受到了限制，这使得国内银行开始积极拓展海外业务。20 世纪 60 年代末，花旗银行最早开始拓展自己的海外业务，1950~1990 年，美国银行在海外开设的分行从 95 家增加到了超过 1 000 家，总资产规模从不到 40 亿美元增加到了超过 4 000 亿美元。[①]

美国在对资本流出进行限制的同时，对于资本流入则比较放松。随着布雷顿森林体系的崩溃，各国的汇率制度转向了浮动汇率制，美国因此在 1973 年取消了对于资本流入的限制。事实上，在 1978 年之前，外资银行在美国可以享受优惠待遇，并且不受美国本土银行的限制，可以实行混业经营和跨州经营。这种对于外资银行的特殊优惠虽然引起了美国国内银行机构的不满，但是为美国带来了大量的资金，为政府赤字提供了资金来源，为企业和家庭提供了贷款，有利于满足美国国内的资金需求。1978 年，美国出台了《国际银行法》，外资银行才开始恢复国民级待遇，不再享受特权。

布雷顿森林体系的崩溃导致美国国内的汇率风险和利率风险陡然增加，这迫使美国国内的金融机构开始寻求金融创新的方式来规避风险。除了国际环境变化带来的外在风险，内部市场结构的变化和德、日金融业的崛起也给美国的银行业带来了巨大的压力。一方面，1975 年 5 月 1 日美国证券委员会实施了股票交易手续费的自由化，大大降低了股票交易成本，在激发证券市场大量金融创新的同时，也将大量的券商、企业等投资者从

---

① 中国人民大学国际货币研究所（IMI）历年《人民币国际化报告》。

银行转向了证券市场,导致银行业的客户大量流失。另一方面,德国和日本在国际银行业务上的崛起给美国的海外银行业带来了巨大的压力,而拉丁美洲债务危机则使美国银行业的海外业务遭受了巨大的损失。第二次石油危机之后,美国陷入滞涨,利率管制导致银行陷入危机,资金从银行流向了货币市场。因此,美国的银行业开始积极开展金融创新,诸如浮动利率定期存单、可变利率贷款、货币互换协议等金融工具和金融衍生工具都是在这个时候被创造出来的。

20世纪80年代美国开始了全面的金融开放改革,银行业也开始积极争取利率自由化和混业经营的实现。1980年,美国国会通过了《1980年存款机构放松管制以及货币控制法》,宣布将在6年内逐渐实现利率市场化,取消存款利率上限,拓宽银行业务范围,并逐渐废除了Q条例。1982年实行的《加恩-圣杰曼吸收存款机构法》则允许存款机构提供不受利率和存款准备金限制的货币市场账户,大大拓展了储蓄机构的业务范围,提高了储蓄机构的盈利能力。1994年的《州际银行与分支机构效率法案》的推出,取消了对于银行不能跨州经营的限制。1999年1月,《金融服务现代化法案》的生效实现了美国金融业从分业经营到混业经营的转变,同时也确立了美国双线多头的伞形金融监管模式。

美国的金融自由化改革引发了大规模的金融创新,但是,美国的金融监管却远远落后于金融创新的进程,到2008年国际金融危机爆发之前,美国对于金融衍生品市场和投资银行的监管缺失,诸如债券担保证券(CDO)、信用违约掉期(CDS)之类复杂的金融衍生工具并不受到监管,这些监管上的缺失成为金融危机爆发的重要原因。因此,在2010年7月,美国颁布了《多德-弗兰克华尔街改革和消费者保护法案》,加强了对于金融系统性风险的监管,同时采纳了沃尔克规则,对于衍生品市场进行限制。

二战使美国积累了大量的资本,战后美国的对外直接投资快速增长,而美国也通过各种法律和政策鼓励和支持海外投资。例如,1948年美国在实施马歇尔计划时首创的海外投资保证制度,对本国的海外投资者提供政治保险。此外，美国还对于对外直接投资的所得税和关税实施减免。在1964年的《利息平衡税法》中也规定对外直接投资不在资本管制之内，不用缴纳利息平衡税。但是，美国对外直接投资的主要对象是欧洲发达国家，从20世纪90年代开始，美国对于发展中国家的直接投资力度逐渐加大，而外国直接投资的增加则提高了拉丁美洲、亚洲等地区发展中国家的生产率。[1]

美元体系下美国的金融开放使美国的经济周期更容易被传导到整个世界，而美元的波动则直接影响着以美元标价的大宗商品和金融资产的价格，从而增大了全球金融系统的波动性。当美联储提升利率时，由美国流向新兴市场国家尤其是拉丁美洲国家的股票资金会减少。[2] 第一次石油危机之后，美国通过实行宽松的利率政策来缓解危机，美元成本降低使得拉丁美洲国家大举借债投入本国的经济发展，拉丁美洲国家也的确暂时实现了GDP的高速增长，但当时的美联储新任主席沃尔克改变了之前的政策，大幅提升利率，导致拉丁美洲国家同时面临着资本外流和债务加重的双重考验。同时，美联储的加息使美元走强，而以美元计价的石油走弱，弱化了拉丁美洲国家的出口创汇能力，使其最终陷入债务危机中。1997年东南亚金融危机同样如此，在美联储实行低利率政策时，大量资金流入东南亚国家的服务业和房地产市场，而当美联储实行加息政策时，这些游资从东南亚国家撤回，成为引发东南亚危机的重要原因。

美国的金融开放是为政治服务的。从二战结束开始，美国就通过马歇尔计划将苏联及其盟国排斥在自己建立的金融体系之外。而从实施马歇尔计划至今，美国更是出于政治目的对很多国家实行制裁，将它们排斥在美元体系之外。1945~1998年，美国与其他国家合作发起的经济制裁有114起，而美

---

[1] E. Borensztein, J. De Gregorio, J‑W. Lee, (1998). How does Foreign Direct Investment Affect Economic Growth?. *Journal of International Economics*, 45: 115‑135.

[2] Edison, Hali, and Frank Warnock, (2001). A Simple Measure of the Intensity of Capital Controls [C]. International Finance Discussion Papers, No. 705 (Washionton: Board of Governors of the Federal Reserve, August 2001).

国单方面发起的经济制裁有 68 起,制裁范围逐渐从拉丁美洲国家转向非洲国家。时至今日,如朝鲜、伊朗、俄罗斯、委内瑞拉等国仍在美国的经济和金融制裁之下,这使得美国主导下的国际金融体系欠缺包容性。[①]

从总体来看,美国的金融开放经历了从无序到严格管制再到逐渐放松,在金融危机之后又加强管控这四个阶段。1929 年之前美国国内金融业是自由而无序的,这也成为 1929 年"大萧条"爆发的一个重要原因。"大萧条"之后美国对于金融市场实施了严格的管控,但是对于美国企业的对外直接投资和外资银行在美国本土的业务却采取鼓励的政策,这就为国内资本和国际资本的流动提供了余地,从而调节国内外资金供求。对外直接投资在帮助欧洲国家重建的同时,也输出了大量美元,这也是构建美元体系的必要手段,而对于外资银行的优惠政策则在一定程度上满足了国内的资金需求。在布雷顿森林体系崩溃之后,加上 20 世纪 70 年代的石油危机,给美国的金融业带来了巨大的冲击,迫使美国金融业寻求改变以求生存,这在催生了美国金融业大量金融创新的同时,也迫使美国开始实行金融开放。这个阶段的金融开放,一方面要维持美国金融业的生存;另一方面也要维持美元体系的存续。在布雷顿森林体系之初的"美元荒"早已变成"美元灾",各国持有大量超过需求的美元储备,在美国国内金融开放水平不足的情况下,世界各地自然就出现了各种美元离岸市场,这些市场的美元难以受美国本土货币政策的调控,影响了美国对于美元的掌控能力。因此,美国需要提供一个开放而完备的金融市场,为各国的美元储备提供增值保值的投资对象。因此,美国通过"海湾双柱"战略确立美元的石油定价权;通过 1973 年完全放开外国资本流入,取消了各国美元储备进入美国的障碍;通过 1975 年实现股票交易费用自由化,建立了世界上最大最好的证券市场,为各国美元储备的投资提供了一个完备的平台。通过金融开放,美国才得以构建起如今的债务—美元体系,使输出的美元仍然能回流

---

① 中国人民大学国际货币研究所(IMI)历年《人民币国际化报告》。

至美国境内，为美国提供消费、生产、投资所需的资金，使各国持有的美元储备仍然能为美国自身的经济、金融发展效力。不过，美国的金融开放存在着缺陷，一方面，金融监管没能跟上金融创新的步伐，新型金融衍生产品超出了金融监管的范畴，而大量资金供给也导致劣质金融产品依然需求高涨，从而使繁荣的金融系统下隐藏着大量的系统性风险；另一方面，金融过度自由化也导致虚拟经济过度繁荣，缺乏实体经济支持的经济体系稳定性不足，容易受到金融系统波动的影响，为经济增长埋下隐患，成为导致2008年世界金融危机的重要原因。

从新中国成立以来，美国对于中国的战略不断随着世界形势的变化而调整。20世纪70年代，随着中国改革开放进程的推进，美国对中国的态度由对立转向拉拢。"冷战"结束之后，美国成为世界上唯一的超级大国，并试图将中国塑造成新的敌人。不过，在全球经济金融联系日益紧密的趋势下，美国虽然一方面遏制中国的崛起，另一方面也需要与中国开展合作。2008年世界金融危机之后，美国对中国的态度也有所转变，希望中国参与缓和世界经济的颓势。总的来说，美国对中国的战略以接触为主、遏制为辅。但从特朗普政府上台之后，美国的对外战略发生了转变，尤其是对中国的战略。特朗普对内着力于振兴国内经济、扩大就业，对外则奉行单边主义、保护主义和本土主义，实行美国优先的策略。除实施了如加强基础设施建设、加快实现能源独立、重振美国制造业等产业政策之外，特朗普政府在金融上放宽金融监管，并有废除《多德-弗兰克法案》的意愿，在财政上实行大规模的减税政策，刺激美国企业和家庭的消费能力。在对外贸易和投资方面，则实行贸易保护主义，实行了如退出跨太平洋伙伴关系协定、重谈北美自由贸易协定等举措，并挑起了中美贸易争端，这说明遏制和竞争已经暂时在美国对中国的战略中处于主导地位。

贸易争端对于美国来说弊大于利。从2017年8月18日美国正式宣布对中国发起"301调查"开始，中美贸易摩擦拉开了序幕。之后双方反复推出了制裁与反制裁方案。2018年5月，中美就经贸领域进行了两轮谈判,并达成了一致。但2018年6月特朗普即置双方达成的共识于不顾,并于7月6日正式对第一批清单上的价值340亿美元的中国商品加征25%的关税,中国随即进行还击并向世界贸易组织提起申诉。之后,中美双方又进行了数轮你来我往的加税举措,对双方的经济都造成了不小的损失。贸易并非是简单的一方获利、一方受损,贸易还可以使双方实现双赢。美国经济存在的最大问题在于贫富差距过大,中下层人民并没有享受到经济发展和全球化带来的好处,而挑起贸易争端并不能解决这个问题。相反,中美贸易交流有利于中国制造的物美价廉的日常用品帮助降低美国的物价水平,提高美国中下层人民的生活水平。此外,尽管中国对美国有大量的贸易顺差,但这些实现顺差的企业中有约60%为外资企业,因此,虽然中国是贸易顺差国,而美国却是主要受益国。

美国挑起贸易争端的原因有很多,从表面上看,是为了缩小、扭转中美贸易逆差,但中美贸易逆差与两国在全球分工合作中的地位有关,而美国又对中国实行技术封锁,禁止向中国出口具有比较优势的高新技术产业产品,因此中美贸易逆差难以在短时间内改变。从深层次看,一方面,贸易争端可以增大中国市场风险,促使美国企业转移在中国的产业,并带动国际资本离开中国、回流美国;另一方面,也可以借此压制中国高新技术产业的进一步发展,维持美国在高新技术产业方面的垄断地位。同时,以贸易争端为筹码,美国可以要求中国扩大金融市场开放,扩大美国金融机构的市场准入程度。在过去的几十年里,美国的经济结构发生了巨大的改变,制造业向其他国家转移,金融业和服务业成为国民经济的核心部门,这也是美国从追求"贸易自由化"转向追求"金融自由化"和"资本流动自由化"的原因。中国扩大金融开放,既有利于美国华尔街进入中国市场,获取巨额利益,也有利于将中国控制在"美元体系"下,实现对中国的遏制。

4.1.3 日本:美国压力下实现的快速金融自由化

从第二次世界大战结束到20世纪70年代,日本的金融系统处于较为封闭的状态。二战中日本经济也遭到了严重的破坏，战后初期日本的必要物资极大地依赖于进口，因此日本对于外汇进行了严格的管制，严格限制资本的跨国流动。而日本的金融体系则由政府占据主导地位，大藏省行使着金融行政职能。一方面，日本采取"护卫舰式"的监管，通过监管当局的干预，压低市场利率，保证金融机构的生存，维持金融市场的稳定；另一方面，日本的金融体系中由政府控制的银行占据着绝对的主导地位，对于社会资源进行分配，因此，日本金融体系中间接融资所占比重远远超过直接融资，而主银行制度也逐渐建立起来。尽管二战后日本经济高速发展，但日本金融市场的自由化程度却很低。严格的金融分业经营和利率管制为日本经济的高速增长确保了大量低成本的资金，但缺乏竞争的金融市场也导致日本金融机构竞争力不足。

20世纪70年代，随着日本经济增速放缓，日本经济和金融体系开始发生变动。日本的金融开放除了有外界的压力之外，在一定程度上也是存在内部需求的。这个时期日本经济进入转型期，企业普遍采取减量经营的方式。所谓减量经营，是指企业通过降低生产成本，调整生产结构，提高生产效率，从而提高利润率。企业的信贷需求减少，导致日本从二战后始终存在的资本短缺转变为资金富余。此外，国际化和国债化也使得日本国内金融系统的竞争性增强。70年代开始日本政府的国债发行大幅度增加，使用传统的手段已经难以消化如此大规模的国债，因此，大藏省开始逐渐放开国债的流通，允许国债在市场上出售。

从20世纪80年代开始，日本在美国的压力下实现了快速的金融自由化，但在这之前，日本的金融开放是一个十分缓慢的过程。1968年，日本财政部开始允许外资银行进入日本。70年代，日本逐步取消了外国投资者购买日本股票债券的限制和日本投资者购买国外债券的限制。但是，由于日本内部的金融管控十分严格，因此美国银行要求可以在日本发行大额存单以增强竞争力，最终于1979年日本政府开始允许日本本土银行和外资银行发行大额存单，从而建立了日本的大额存单市场。1980年日本对《外汇及外贸管理法》进行了修改，确定了外汇交易"原则自由"的政策原则。

日本长期在国际贸易中处于贸易顺差，美国为了调节自身的贸易收支，要求日本实行金融自由化，并放开汇率的管制。为了督促日本加快金融开放的进程，美国和日本成立了日元美元委员会，对于日本的金融开放和日元汇率升值进行协商。1984年，根据日元美元委员会提出的建议，日本和美国签订了《日元美元协议》。协议要求日本减少对于国内金融市场的限制，主要是加速利率市场化的进程；扩大欧洲日元市场，放松日本企业发行离岸金融债券的限制；允许国外金融机构进入日本货币市场，放松外国企业在日本发行债券的限制等。这项协议实际上实现了日本资本项目的自由兑换。这大大加快了日本的金融开放进程。之后，日本快速地放宽了对于国际间资本流动、国外金融机构的设立和经营范围的限制。1985年，有9家外国银行被允许直接参与日本的信托业务，并有6家外国证券公司成为东京证券交易所的正式成员。1986年，东京离岸金融市场成立。

快速的金融开放必然伴随着隐患，对内的金融管制没有跟上金融开放的速度，造成了政策上的矛盾。日本在1984年的《日元美元协议》中就已经放开了对于欧洲日元市场的利率限制，而日本国内的利率限制则到1994年才彻底放开。1985年日本就允许外资银行在日本从事证券业务，而直到1993年日本实行了《金融体系改革法案》，日本本土的商业银行才能够建立证券附属公司，实行混业经营。由于日本金融开放的进程缓慢，导致了金融双轨市场的诞生。由于欧洲日元市场的限制被解除，而日本企业在欧洲日元市场上的发债成本很低，因此日本的大企业更倾向于在欧洲日元市场上发债融资，这导致日本国内发债成本被迫跟着降低，同时日本国内的银行贷款需求也大幅减少。由于逆向选择导致向银行贷款的企业更多的是无法达到发债要求的小企业，而银行贷款的大量减少导致银行被迫寻求新的信贷投资机会，使得高风险的房地产贷款数量大大增加，这导致银行的风险大大增加。不仅如此，20世纪80年代中后期，由于日本国内对于小额存款的利率存在限制，对于大额存单的利率反而没有限制，结果企业宁愿将持有的资金投资于大额存单。这种利率管制上的矛盾，加上日本国内发债条件和贷款条件的宽松，都助长了日本金融泡沫的产生。

金融泡沫破碎后，日本希望效仿英国，实施"金融大爆炸"式的金融改革，因此开始推动实现完全的金融自由化。1997年日本通过了《外汇及外国贸易法》，基本取消了二战后实行的所有外汇管制和资本管制措施，实现了内外资本交易自由化、外汇业务自由化、证券交易自由化，并且废除了对外直接投资的事前申请制度，对外直接投资只需要事后进行备案即可。同时，日本还取消了外汇持有额度的限制，并且外币也可在国内直接进行结算。但是，日本制度建设上的缺陷也成为金融开放的阻碍。由于日本存在着财政投融资制度，邮政储蓄和养老保险公积金的资金往往会被用于向政策性金融机构或者公共事业项目机构提供贷款，这就导致这些机构在市场上要比民营机构更具有竞争优势，从而在利率市场化的进程中更有优势。另外，日本的公司治理制度也不完善。1997年日本爆发了金融危机，大量的企业濒临倒闭，银行持有了大量的不良资产。但是，由于企业破产制度的不完善，银行在企业濒临倒闭时面临着两难：如果不为企业继续提供贷款，则企业倒闭，不良资产变为损失；如果为企业提供贷款，则会被视为捐赠而在税收上面临损失。因此，政府往往会伸出援手，让那些本应倒闭的企业继续运营，造成了金融危机的长期化。

总的来说，日本的金融开放进程可以分为封闭式金融体系、渐进式金融改革和全面金融开放三个阶段。在最初的封闭阶段，日本严格限制金融开放，但是经济仍然保持了17年的高速增长。随着日本经济的转型，国际国内的经济金融环境都发生了改变，对于日本的金融开放产生了需求，但是美国却出于改善本国收支平衡和打开日本国内市场的目的，强迫日本快速实现金融对外开放，导致日本金融开放在对外和对内上产生了脱轨。另外，日本的经济虽然高速发展，但是长期封闭的金融体系导致日本的金融制度尚不完善，金融体系的稳定性不足，监管缺失。日本在尚未实现利率市场化的情况下就先实现了汇率自由化，结果在汇率大幅升值的情况下，为了寻求国际支持,导致利率政策也被胁迫。最终,快速的金融自由化虽然在短时间内为日本带来了繁荣和日元地位的迅速提高,但却导致了泡沫经济的诞生和破碎,给日本经济造成了严重的打击。急于求成的金融开放与不相匹配的制度和政策,是日本金融开放遭受挫折的主要原因。

4.1.4 德国:稳健的政策保证稳健的金融开放

德国资本账户的开放经历了一个反复的过程。从1954年开始,德国逐渐放松了外汇管制,设立了"自由资本马克账户"。1958年联邦德国实现了经常项目可兑换后,逐渐放松了对于资本流出和对外贸易外汇的限制,并在1959年实现了资本项目可兑换,取消了对于资本流入的限制,但始终没有开放国内的金融市场。德国在二战之前经历过严重的通货膨胀,因此,在二战结束后,德国始终将反通货膨胀作为货币政策的主要目标。二战后经济的高速增长,导致德国常年处于贸易顺差,固定汇率制度下大量国际资本的流入使德国不得不大量购买外汇,从而造成了严重的通货膨胀压力。固定汇率下开放资本项目导致德国货币政策的独立性受到了影响,降低通货膨胀的政策目标难以实现,因此,尽管德国在1959年就实现了资本项目的可兑换,却始终对资本项目下的流动采取较为严格的管制措施。德国对于国际资本流动的管理采取了灵活的态度,在国际投机资本大量涌入时加强资本管制,增加本国银行接受外国资金和支付的限制,而在国际资本流入降低时减轻管制的程度。因此,德国的资本账户开放进程也在1959年之后经历多次反复。灵活的资本流入管理政策确保了货币政策的有效性,减少了外国资本流入带来的通货膨胀压力,削弱了马克的汇率变动对于本国经济和对外贸易的冲击。最终,1981年德国才彻底放开了对于资本项目的管制。

在德国金融开放的过程中,德国的货币政策始终保持着相当的独立性,始终坚持着反通货膨胀的货币政策原则。反通货膨胀的货币政策确保了德国经济的稳定性,并且减少了德国在金融开放过程中受到冲击的影响。德国坚持反通货膨胀的货币政策促进了欧洲金融体系的稳定。1973年，布雷顿森林体系崩溃之后，欧洲共同体国家决定使用蛇形汇率安排，将双边汇率波动限制在4.5%的狭小区间内。由于德国始终坚持财政纪律，并把反通货膨胀作为最主要的政策目标，使得马克币值稳定，逐渐成为欧洲各国货币的低通货膨胀锚。之后形成的欧洲货币体系和欧元区基本都是以德国的货币政策为中心来运行的，而坚持以反通货膨胀为首位的货币政策提高了整个欧洲货币体系的稳定性（1992年由于美元贬值而引发的欧洲货币危机和2009年的欧洲债务危机除外）。在欧洲主权债务危机（以下简称"欧债危机"）开始时，德国仍然对于使用量化宽松政策秉持谨慎的态度。

德国的利率市场化改革在发达国家中也是独树一帜的，罕见地没有出现银行的大规模倒闭和金融业的大幅度波动。在1959年德国实现资本账户自由化之后，货币当局紧缩政策的有效性就因外资流入而受到影响，国内银行可以绕过利率管制从而削弱了利率管制的有效性。因此，从1962年修改信用制度法开始，德国启动了利率市场化改革的进程。1967年，德国全面放松了利率管制，从形式上实现了利率市场化；1973年，德国废除了储蓄存款的标准利率制，完成了利率市场化改革。在利率市场化的进程中，德国银行业没有像美国那样出现大规模的银行倒闭，这在很大程度上归功于德国的全能型银行制度。

德国金融体系的一大特点是全能型银行在金融市场占据着绝对的主导地位。与英国、美国到20世纪80年代后才取消银行分业经营不同，德国从19世纪50年代开始就一直实行全能型银行制度。二战后，联邦德国暂时地采取了效仿美国的金融管理模式，对于银行业采取了分业经营管理，但到50年代，联邦德国又恢复到了二战前的全能型银行体系。德国的银行在存款、贷款等商业银行业务之外，还可以从事贸易结算、证券发行等投资银行业务，为企业提供全面的金融服务。在二战后的工业化过程中，全能型银行保证了社会资金的调配，帮助德国快速地实现了工业化。在工业化完成之后，全能型银行也可以继续高效地实现资源的合理配置，主办银行制度的存在也有效地减少了银行与企业间的信息不对称。在利率市场化的过程中，银行往往会因为利润率低下而被迫转向高风险业务，导致经济泡沫和危机，而德国的全能型银行业务范围广泛，受利率市场化的影响较小，从而维持了德国金融体系的稳定。全能型银行制度导致德国形成了以间接融资为主的融资模式，而资本市场和金融市场则始终不太发达。80年代之后，德国扩大了金融开放的程度。1981年德国完全开放资本项目，并逐渐开放了金融市场，打造法兰克福国际金融中心，成熟的全能型银行体系虽然拖慢了金融市场和资本市场的发展，却也使德国在面临外部金融机构竞争时能够平稳过渡。

从整体上看，德国金融开放的最大特点就是求稳。通过灵活而稳健的开放进程，以及独立的货币政策和全能型银行体系，德国较为稳定地实现了金融开放过程。在整个德国金融自由化的过程中，始终将确保国内经济环境的稳定放在第一位，从而降低了金融开放外在冲击的影响。全能型银行的存在是德国金融体系的一大特点。由于全能型银行的业务范围广泛，对抗冲击和竞争能力强，从而成为德国金融开放过程中维持经济金融稳定的一大支柱。而反通货膨胀的绝对目标不仅保持了德国内部经济环境的稳定，更是辐射到了整个欧元区国家，也在一定程度上提高了马克的国际地位。

4.1.5 对中国的借鉴意义

从主要国家金融开放的过程来看，在金融开放的顺序、幅度和结果上都有所差别，而各国的经济、金融实力以及金融体系的结构也对金融开放的过程和结果产生了重要影响。但从各国开放的成败来看，有几点是值得注意的。首先，金融开放并不意味着绝对的自由，而是有限的自由。美国在"大萧条"之前的行业自律与1999年重启混业经营后所实现的金融开放是有着本质区别的，前者是混乱而无序的，后者是处于规则约束和机构监管之下的较为健康的金融开放,也是我们应当追求的金融开放的状态。其次,金融开放是经济发展到一定阶段的必然要求,并非任何阶段都应当实施完全的金融开放。日本在发展的黄金时代采取的是封闭的金融政策,而各国的金融开放都是在经济发展到一定阶段或是遭遇发展"瓶颈"时展开的。此外,金融开放应当打造一个完备的金融平台,英国、日本、美国在金融开放的过程中,都以打造一个产品丰富、开放自由的金融市场为目标,从而达到吸引外资、为本国经济服务的目的。最后,金融开放的过程应当自主自立、循序渐进,而不应为外部因素所胁迫,实行冒进的金融开放反而会对国内的经济金融起到负面影响。

实现金融开放的路径并不是唯一的,而金融开放的确对于货币的国际化具有促进作用。2018年5月人民币跨境支付系统二期投产,2018年6月人民币在全球支付货币中的使用排名上升至第5位,这为中国继续推进金融开放创造了有利条件。通过金融开放的进一步深化,既可以吸引国际资本进入中国,促进中国经济和金融的快速发展,也可以扩大人民币在国际金融交易和大宗商品交易中的使用份额,促进人民币的国际化,还可以增加人民币资本的跨境投资,为其他国家提供金融交易平台,促进世界经济金融的繁荣和稳定。

首先,金融开放进程需要按照本国实际情况进行。金融开放是一个双向的过程,金融开放的过程必然会对本国的金融市场造成一定的冲击。因此,按照本国的实际情况,选择合适的金融开放路径,在必要的时候放缓或者加速金融开放的进程才是合理的。德国在资本账户开放的过程中,为了减少大量资本流入对于反通货膨胀政策目标的影响而实行灵活的资本管制措施,从而平稳地实现了资本账户的自由化。而日本的金融开放进程则是完全按照美国的意愿来执行的,结果导致金融政策和开放进程没有达成匹配,造成了金融开放的失败。

其次,金融开放需要完善而灵活的金融监管体系。金融开放的过程往往伴随着内部的金融创新和外部的资本冲击。对内的金融监管不足,就会导致金融市场不受约束，风险收益失衡，引发金融危机；对外的金融监管不足，就会引发经常账户和资本账户失衡，造成汇率风险。同时，监管太严又会导致金融压抑，使资本流向其他国家。美国金融开放过程中，金融监管没有跟上金融创新的步伐，造成了2008年国际金融危机的爆发。英国则通过第二次"金融大爆炸"建立起了开放的兼容监管格局，极大地提高了伦敦金融中心对于外国企业的吸引力。而日本在金融开放的过程中，对内监管和对外开放发生了矛盾，造成了监管政策的冲突，促使了金融泡沫的诞生。因此，需要把握好金融监管的度，建立起与金融开放水平相适应的金融监管体系。

最后，金融开放需要成熟的本土企业和金融机构。金融开放程度不足的国家大都缺乏成熟的金融机构，而缺乏经验的金融机构往往难以与国外成熟的金融机构竞争。因此，应当推进金融机构混业经营，提升本土金融机构的竞争力，确保本土金融机构能够承受金融开放的冲击。同时，成熟的本土金融机构也能够在金融开放的过程中，拓展海外业务，扩大对外投资，在提高自身收益的同时，为发展中国家提供资本，实现合作共赢。日本由于长期对于金融业的保护，导致金融开放过程中本土机构缺乏竞争力，银行被迫转向高风险贷款。英国本土证券公司同样由于长期分业经营的限制，缺乏混业经营的经验，导致在第一次"金融大爆炸"之后迅速丧失了所有权。而美国则始终鼓励、支持企业和金融机构对外投资，从而产生了很多具有强大竞争力的跨国企业和金融机构。

当前，随着中美贸易摩擦的升级，加上中国经济迈入转型期，中国经济增速放缓，人民币汇率风险也有所增加。而美国政府不断推行美国优先的政策，美国对于全球公共产品的提供逐渐收缩，这不利于全球生产效率的提高，但也为人民币国际化提供了新的契机。中国应当顺势而为，借此推进国内金融体系改革，扩大金融对外开放程度。中国在未来较长一段时间内都仍将处于美元体系内，因此，通过金融开放实现国内金融市场与国际金融市场的对接，将有利于中国参与、促进国际货币体系的改革。同时，通过打造高水平的金融开放，一方面促进国内金融制度的发展和完善，通过吸引外国资本的进入，优化国内金融市场结构，激发经济活力；另一方面也有利于向世界输出人民币资本，提供金融交易平台，从而提高人民币的国际地位，建立以人民币为中心的新型货币体系，既有利于完善全球金融体系，优化全球金融结构，也有利于构建更加稳定的经济金融环境，减少美元体系下的外来冲击。

4.2 政策协调与货币国际化

4.2.1 全球政策协调概述

不管在哪种货币主导的阶段，全球宏观政策协调都是维护货币秩序的主要手段。20世纪30年代金本位制崩溃之后，从1933年伦敦世界经济会议失败到三方货币协定的签订，美、英、法三国合力进行政策协调，才最终使国际经济金融形势恢复平稳就说明了这一点。只有实行全球宏观政策协调，共同施策、协调施策，才能确保宏观政策的有效性，减弱甚至消除各自经济政策的负外部性，达到全局最优。二战后，英美协调的目的在于构建战后新的货币秩序，因此其重点在于汇率制度和国际收支，结果则是建成了以美元为中心的布雷顿森林体系，通过"双挂钩"的汇率制度以及国际货币基金组织和世界银行调节国际收支的新国际经济金融秩序。

在全球经济一体化与金融自由化的背景下，国家之间的经济依存度日益提高，一国宏观政策不仅可以调节本国经济的运行，而且会产生溢出效应。同时，政策溢出国也会受到其他国家宏观经济政策回溢效应的影响。因此，关于宏观经济政策国际协调问题以及国际协调对各国福利的影响的研究，一直受到学术界和政策界的重视。2008年国际金融危机、2012年欧洲债务危机以及随后的美联储缩表和加息等事件带来的全球影响，尤其是中美两国的经贸联系越来越紧密，是否需要国际宏观政策协调？是否需要中美两国宏观政策协调？宏观政策协调的影响是什么，理论上会带来多大的福利？如何进行中美两国宏观政策协调？这些都是非常重要和值得研究的问题。

传统国际宏观经济学将各国宏观政策协调视为一个重要内容，积极分析和量化宏观政策协调的机理和效果。国际宏观政策协调的理论研究最早可以追溯到20世纪50年代英国经济学家米德（Meade）提出的开放经济条件下的政策搭配思想。米德提出，可以借助政策搭配的方法解决内外均衡问题。但在固定汇率制下，依靠单一金融政策寻求内外均衡时，会出现内外目标冲突，即著名的"米德冲突"。经济学家丁伯根（Tinbergen）进一步指出，政策目标与政策工具之间的数量关系必须满足，至少有与独立政策目标数量相等的相互独立的若干有效的政策工具（丁伯根法则），之后的宏观经济学家都以此为依据，为国际宏观政策协调的必要性提供依据。20世纪60年代，蒙代尔（Mundell）提出运用财政政策实现内部均衡、运用货币政策实现外部均衡的思想。弗莱明（Fleming）指出，财政政策和货币政策应适当搭配以有效实现内外均衡，并和蒙代尔在同一时期构建了经典的Mundell-Fleming（M–F）模型。20世纪70年代，多恩布什（Dornbusch）将M–F扩展至两国模型，形成了经典的Mundell-Fleming-Dornbusch（M–F–D）模型，分析了货币政策的传导机制及国际协调，发现在受到外部冲击时，两国的政策协调可以提高各自的福利水平。近期的国际宏观经济理论采用尔德和罗格夫（2002）的新开放经济宏观经济学（new open-economy macro-economics，NOEM）理论框架继续深入研究国际经济政策协调。NOEM框架采用动态一般均衡分析方法，通过在垄断竞争和黏性价格假设下最优化经济主体的行为，考察了宏观经济政策的国际传递机制及国际经济政策协调的福利收益，使分析有了坚实的微观基础，并基于福利标准而非传统模型中的社会损失函数准确评价了政策效率。目前越来越多的学者基于他们的基本框架，建立了更加符合实际的宏观模型，讨论某些关键参数和市场摩擦如何影响宏观政策合作的福利收益。

目前，美元作为主导国际货币拥有在位者优势，美国经济政策的外溢效应很强，与美国货币政策进行协调的必要性很强。2008年国际金融危机不仅没有动摇美元的国际货币地位，美元在国际货币体系中的地位反而进一步强化。这主要表现在全球贸易的计价和结算货币中美元仍然占绝对主导，根据国际清算银行的数据，国际银行融资货币的62%是美元，全球储备货币中的64%是美元。由于美元具有广泛的国际影响，美国货币政策的溢出效应非常明显。近年来，随着中国经济实力的不断上升，人民币成为一个不断崛起的新兴市场货币，国际影响力逐步提高。因此，在这个过程中，与美国货币政策进行协调尤为必要，协调成功的回报也会很大。吴军、张弼（2010）采用博弈论的方法，从社会福利角度对非合作博弈和合作博弈的两种结果进行了比较分析，发现合作的收益要大于非合作的收益，但是由于危机冲击和货币政策传导效应的非对称性，可能使经济实力较弱的新兴市场国家陷入由美国主导的斯塔克伯格博弈的协调模式。王潇潇（2014）引入金融危机这一极端的负面外部冲击，构建了中美两国货币政策协调模型，通过不合作、领导—跟随以及合作三种模式进行货币政策博弈分析发现，无论是货币政策不合作模式还是美国领导、中国跟随的货币政策协作模式，都无法使两国货币政策效果达到帕累托最优，只有两国实施具有合作性质的货币政策才能够达到货币政策效应最大化。孙国峰（2016）基于斯塔克伯格博弈的两国模型，分析了国际货币体系中不同影响力的大型开放经济体之间合作的福利，发现一国货币当局进行货币政策国际协调可使本国的通货膨胀达到最优水平，获得的福利收益优于斯塔克伯格博弈的结果，因此，货币政策国际协调具有必要性。

基于中国出口部门的重要性以及加工贸易的特点，中美之间宏观政策合作的"双赢"效果会更强，有助于两国经济福利的提高。目前，关于全球经济一体化如何影响货币合作福利收益以及中美宏观政策协调的理论研究并没有区分最终产品和中间产品。大量的经验证据研究表明，中间产品在贸易总额中占有相当大的份额，而跨境中间品投入是外部冲击传到一国的重要渠道。在分析中美之间的宏观经济和宏观政策合作时，中间品贸易和加工贸易的存在更显得尤其重要。此外，与货币政策分析相关的一些特点，如替代弹性和价格黏性，在中间产品和最终产品之间是有差别的，这个差别对于分析中美货币政策合作的福利影响也非常重要。我们认为，基于中间产品在理论研究和实证研究中的重要性，有必要在研究中美宏观政策合作的理论研究中加入中间产品贸易，从而分析中间产品贸易对开放经济下最优货币政策配合的影响，量化中美货币合作的福利收益。基于这些判断，我们按照夏（2017）的基础模型，根据投入产出生产结构，在具有垄断竞争和价格黏性的标准两国动态随机一般均衡模型（DSGE）下引入中间产品。该模型更符合中美经济的现状和特点，尤其是中间产品和加工贸易占中美贸易的很大比例。我们发现，当考虑到中间产品贸易之后，中美宏观政策合作与非合作相比，对两国福利的提升达到了 0.95%，是之前的 40 多倍。这个结果对中美宏观政策合作提供了理论支持：在考虑了中间产品贸易的情况下，中美宏观政策合作的潜在收益显著大于已有传统理论的分析。

4.2.2　中美宏观政策协调对人民币国际化的意义

中国和美国宏观政策的协调不仅会对中美经济产生重要影响，促进两国经济福利的共同提升，而且还会对人民币国际化进程起到重要的影响。针对国际货币使用的三个主要方面：国际贸易结算货币、国际金融交易中的使用和作为国际储备货币的使用，我们分别论述中美宏观金融政策协调对人民币国际化这三个方面的影响。

中美宏观政策有效协调将有利于人民币贸易结算职能的发挥，提高人民币在国际贸易支付和结算中的使用。人民币发挥国际贸易计价结算功能的一个重要前提是我国贸易规模的增长和贸易结构的改善。然而，当下美国总统特朗普奉行美国至上的战略，实施贸易保护主义，双边贸易协议取代多边贸易协议，并重新谈判现有的贸易协定，给我国对外贸易带来了一大挑战。2017年8月，美国总统特朗普更是以保护知识产权为由，授权贸易代表启动针对中国的特别"301调查"，加大了中美贸易的不确定性。一旦爆发中美贸易战，一些贸易企业可能会出现库存积压、经营困难，甚至会出现资金链断裂和局部金融风险，中国来自美国的贸易顺差也将大幅减少，导致国内流动性总量和结构发生巨大变化。事实上，美国在推行贸易保护主义的同时，也一直在密切关注人民币汇率政策对中美贸易顺差的影响。中国不断完善人民币汇率形成机制和提高汇率政策透明度的做法，有效避免了人民币汇率无序调整的负面溢出效应和主要货币的竞争性贬值，使得中美双方有进一步协调的基础。若中美能够通过对话与沟通妥善管控分歧面，达成促进双边经贸合作和反对以邻为壑的汇率政策的共识，避免贸易保护主义下的贸易战和竞争性贬值下的汇率战，则可以有效促进我国贸易规模的增长和贸易结构的改善，缓解人民币所面临的严峻挑战，进一步夯实人民币国际贸易计价结算功能。

中美宏观政策有效协调将有利于推进人民币在金融领域的使用，有助于提升人民币在国际金融市场中的地位。近年来，中国不断放宽美国金融机构的市场准入和资本准入门槛，以中国银行间债券市场和外汇市场为例，美国金融机构的数量不断增多。中国的商业银行也开始在美国的主要城市，如纽约、芝加哥，设立了分支机构。随着中国的商业银行不断在北美设立分支机构，中美可以协调推进位于北美的人民币离岸交易中心的建设。2008年国际金融危机以来，美国的短期利率接近于零，并通过量化宽松政策来压低长期利率，这使得中国（及其他新兴市场）几乎不可能有效地开放其金融体系。由于美国的超低利率，中国面临巨大的"热钱"流入压力，因此需要外汇管制以限制金融资本流入。这在很大程度上影响了中国的金融市场开放程度。中美宏观政策的配合，如美国将利率政策正常化、跨境资本的流动也正常化，会更有益于中国开放金融市场和资本项目，促进人民币在金融交易中的使用。倘若中美能合作，在国际资本流动中阻碍人民币国际化的一大障碍也将会随之消除。

中美宏观政策有效协调将有利于人民币外汇储备职能的强化，提高人民币在国际外汇储备中的份额。近年来，中国推动并参与了一系列双边或区域的货币稳定和互助机制。据中国金融信息网统计，截至2016年末，中国人民银行已与33个国家和地区的货币当局签署了货币互换协议。与此同时，2007年次贷危机爆发以后，美国也加大了与其他国家签署货币互换协议的力度。这些双边和区域性机制提供了不同层面的货币稳定与流动性支持手段，不仅有利于双边贸易和投资，而且有利于维护区域金融稳定。但是，由于种种原因，中美之间目前并没有达成双边货币互换协议。事实上，随着经济和金融的深度全球化，没有大国可以在另一个大国的经济动荡中获益，对于中美这两个世界上最大的经济体来说更是如此，而签署双边货币互换协议，将有效规避汇率风险，减小中美贸易中的不确定性。基于这一共识，通过中美宏观政策的协调，未来很有可能推动双方达成双边货币互换协议。除了双边货币合作机制，中美宏观政策协调还有望推动全球货币体系的改革与完善。2008年国际金融危机的爆发暴露了现有国际货币体系的内在缺陷，也引发了国际社会对于增强特别提款权作用的积极讨论。以特别提款权为主的多元国际储备货币体系能够客观反映国际经济格局，具有较高的公信力和较强的稳定性。同时，多元储备体系应能有效满足全球流动性需求，缓解对美元的过度依赖给美国自身及世界带来的"特里芬难题"。因此，如果通过中美宏观政策协调，能够使双方在就扩大特别提款权的使用上形成共识，不仅可以缓解依赖单一主权货币的内在风险，进一步完善现行的国际货币体系，而且可以强化人民币外汇储备职能的发挥，为人民币的国际化打开重要通道。

4.2.3 中美政策协调的重点：货币政策、汇率政策和贸易政策

目前，美国经济约占全球国民生产总值的22%，60%~80%的国际支付使用美元，全球近70个国家的货币与美元直接和间接挂钩。采用单一关键货币具有规模经济效益，因此，美元成为全球使用最广的国际货币。作

为全球最大经济体及储备货币的主要发行国，美国的货币政策溢出效应会对新兴市场国家和全球市场产生较大的冲击。与此同时，随着中国经济的日益强大和人民币国际化进程的加快，中国不再只是美国货币政策外溢效应的被动接受者。在某些层面上，中国货币政策的实施对美国和其他国家的货币政策溢出效应程度也在不断加强。此外，中美的贸易摩擦一直存在，在贸易领域的协调也非常重要。麦金农（2014）指出，人民币国际化和国际货币体系改革需要以美国改善其货币和汇率政策为方向，同时使中国逐渐成为更平等的伙伴，并需要国际货币基金组织能继续提供重要的法律支持。综上所述，中美政策协调的重点在于货币政策、汇率政策和贸易政策的协调。

中美两个大国的经济密切相连，货币政策的外溢效应明显，中美货币政策协调正日益凸显其重要性。2008年国际金融危机后，为稳定金融形势，美联储实行了量化宽松这样一种非常规的货币政策，向市场注入大量流动性，10年间美联储资产负债表扩张约4倍。然而，量化宽松在带来经济复苏的同时，也造成了诸多的扭曲，包括推动股市泡沫形成、推高固定收益资产的价格、刺激负债的增加等。因此，顺应经济形势发展的变化，美联储会逐步退出危机阶段实施的量化宽松政策，让货币政策回归常态，即走出零利率，进行"缩表"，逐步加息。2014年10月美联储宣布退出量化宽松，2015年12月宣布加息25个基点，此后，美联储在2016年12月和2017年3月、6月、12月四次加息，开启渐进式加息进程。与此同时，美联储宣布2017年10月起开始缩减资产负债表规模，并称此次缩表将采取渐进、被动、可预期的缩表方式，即逐步减少到期证券的本金再投资规模。目前，美联储货币政策与我国稳健中性的货币政策变化方向是一致的。中国经济已经由高速增长阶段转向高质量发展阶段，应当更注重经济的发展质量，而非一味地追求增长速度，粗放式的增长模式已不再适宜，不能依靠货币信贷的"大水漫灌"来拉动经济增长，货币政策要保持稳健中性，为转变发展方式、优化经济结构、转换增长动力创造条件。中国人民银行发布的《2017年第四季度货币政策执行报告》中也明确指出,下一阶段将延续2017年中央经济工作会议的精神,实施稳健中性的货币政策,保持流动性合理稳定,管住货币供给总闸门,为供给侧结构性改革和高质量发展营造中性适度的货币金融环境。从这个角度来看,中美货币政策不存在根本上的对立和冲突,美联储货币政策的变化减小了协调难度。

与此同时,美联储货币政策溢出的负面效应明显,美联储非常规货币政策的退出最直接的影响是全球流动性规模的总体收缩和资金成本的上升,而且在非常规货币政策退出过程中,退出节奏可能会产生反复,加剧全球资本流动的无序性,对于新兴市场国家的经济和金融体系稳定性产生冲击。另外,美联储退出量化宽松会导致跨境融资规模的下降,同时资金成本的上升可能导致前期已有跨境融资的违约率上升。加息和缩表会对包括美国国债在内的多种资产价格产生影响,由于我国外汇储备中美国国债占比很大,这些资产价格的趋势性下降,会导致我国外汇储备的被动缩水,进而增加货币政策调控的难度。

基于上述分析,中美货币政策协调至关重要,需要加强中美货币政策协调,减少两国货币政策的负面溢出效应。中美是大型经济体,且互为重要的经济伙伴,对中美两国政府而言,在实现各自货币政策目标的同时,都需要与对方进行必要的协调,以期实现互利共赢。对于中国而言,要加强与美国货币政策协调,减小负面溢出效应:一是加快推进经济转型和结构改革,稳增长乃应对风险之根本,可以从内部应对美联储加息的冲击;二是在控制好货币数量的前提下,加大对利率的微调和前瞻性调节管理,避免中美短期利差过度波动引发异常资本流动,以维护金融市场稳定;三是继续坚持稳健的货币政策,在保证流动性合理充裕的同时,注重抑制资产泡沫和防范金融风险;四是进一步完善人民币汇率形成机制,增强汇率的灵活性,让汇率吸收一部分来自美国货币政策的外溢冲击,从而有效增强中国货币政策的独立性。

中美货币汇率是一个重要指标,汇率通过价格机制和资产流动机制影响两国的进出口贸易和资本流动，因此汇率政策的协调是中美宏观政策协调的核心。美国在2008年国际金融危机之后推行量化宽松政策，每轮量化宽松的推出都伴随着美元指数的大幅下跌。同时，由于美国处于零利率区间，大量热钱流入中国等发展中国家，加剧了人民币单边升值的预期和压力。2014年10月，美联储宣布退出量化宽松，2015年12月宣布加息25个基点，带来了新兴市场国家汇率的大幅波动。总体上看，实行弱美元政策是符合美国政府需要的。特朗普总统上台后，提出"让美国再次强大"的口号，一方面继续推行贸易保护主义；另一方面实施减税政策，提升美国企业竞争力，推动制造业回流。美元贬值短期内有利于货物出口，从而减小美国贸易赤字，改变美国贸易逆差国的地位，而且有利于美国降低债务融资成本，缓解减税、加大基建力度带来的财政压力。因此，美国可能会在未来一段时间内继续实行弱美元政策。

弱美元政策给我国汇率改革与汇率稳定带来了机遇和挑战。从机遇来看，弱美元政策意味着人民币汇率升值，而人民币汇率保持相对强势有利于继续推进人民币汇率形成机制改革，从而进一步促进人民币国际化。从挑战来看，弱美元政策可能成为中美汇率争端的开端，不利于人民币保持均衡条件下的汇率稳定。实际上，2017年上半年的统计数据表明，我国的国际收支失衡已得到有效纠正，贸易顺差占GDP的比重处于国际公认的合理区间，此时的人民币汇率是经济学意义上的均衡汇率，汇率水平是合理的。然而近期美元的意外走弱带来人民币被动升值，若这一趋势维持下去，可能会导致人民币偏离均衡汇率。此外，一旦人民币贬值预期逆转为单边升值预期，将带来很大规模的短期资本流入，加剧流动性过剩，推升资产价格，最终损害我国政府当前通过流动性管理来敦促宏观经济与金融市场去杠杆的首要目标。

在推进人民币汇率形成机制改革的同时，与美国开展汇率政策协调。首先，为了避免中美之间的汇率争端，中国应该以保持汇率在合理均衡水平为抓手，开展汇率政策协调。在信用经济下，相对购买力平价是决定中长期汇率的基础。中国应该抓住美元走弱带来的机遇，继续深化汇率市场化改革，更多依靠市场来决定汇率。但是，在推进汇率市场化的过程中也要格外审慎，当人民币汇率波动超出预期，严重偏离其均衡水平时，央行可适时调节逆周期因子，使其发挥双向作用，通过完善人民币汇率机制进行汇率管理。其次，随着离岸市场与在岸市场之间的价格联动、相互影响不断增强，中国应将离岸市场纳入管理范畴，在离岸市场上通过多种方式来抑制离岸人民币的过快升值。最后，要加强与美国的沟通交流，寻求合作的可能性，努力在汇率不能解决双边贸易失衡的问题上达成共识，帮助其认识到汇率是一个总量政策工具，不能强求用其来解决双边贸易失衡的问题。

妥善处理中美贸易摩擦，增强中美贸易政策协调。从中美贸易情况来看，中国是美国第三大出口目的国，也是美国第一大进口来源国。对于中国而言，美国是中国第一大出口目的国，也是中国第六大进口来源国，中美双方有着重要的贸易合作。但是自特朗普总统上台后，美国对中国的贸易政策发生了一系列改变。从开启特别"301调查"到不承认中国市场经济地位，再到近期时隔近20年再次开启"201调查"，公布对进口太阳能板和大型洗衣机实行保护性关税，特朗普在经贸层面对中国的态度愈加强硬，中美贸易战的风险正在上升。一旦中美爆发贸易战，一些贸易企业可能出现库存积压、经营困难，甚至出现资金链断裂和局部金融风险；中国来自美国的贸易顺差将大幅减少，导致国内流动性总量和结构发生巨大变化，给实体经济带来极大的负面影响，动摇人民币国际化的根基。

引发中美贸易争端既有经济方面的原因，也有政治方面的因素。从经济方面看，中美贸易领域存在较大赤字，美国对中国的商品贸易逆差占其整体逆差接近50%。美国由于技术出口限制，与在产业链中地位相似的欧洲相比，对中国出口结构中高技术含量产品比重不足，没有充分发挥比较优势，从而固化了贸易赤字。这一贸易逆差与特朗普竞选时就提出的贸易保护纲领背道而驰，对外贸关系持强硬态度的特朗普政府势必会奉行贸易保护主义，挑起贸易争端。从政治方面看，特朗普选择对中国进行贸易制裁，以实现其对中国的政治交易的目的。特别是在一些热点的国际问题上，比如朝鲜问题，美国希望用贸易问题向中国施压，逼迫中国在一些国际问题上让步。政治因素杂糅经济因素使得中美贸易关系不断恶化，如果美国一意孤行，将会给中美贸易政策协调带来极大的阻碍。

为应对中美贸易摩擦，降低不利影响，中国应从以下几方面进行协调。首先，主动调整、缓解风险，如结合国内扩大消费结构调整适当降低某些进口品关税，同时制定差别性政策，扶持并帮助贸易企业渡过难关。其次，准备反制回应，制定报复清单，利用 WTO 多边规则，联合其他贸易顺差国以及赞同维护全球化大局的国家，组织官方或非官方的论坛或部长会议，商讨反贸易保护主义的措施，积极发声。再次，中国人民银行应及时或预先采取应对措施，弥补贸易规模、顺差下降带来的流动性缺口。最后，应借势推进国内改革进程，坚持深化改革和扩大开放，积极实施"一带一路"倡议，制衡美国单边主义和保护主义倾向。

要处理好与美元之间的关系，对人民币国际化进程保持耐心和定力。人民币国际化是一个漫长、曲折的过程，对此要有清醒的认识和充分的心理准备。在当前国际形势助推美元走强的情况下，尤其需要处理好中美之间的贸易争端、政策沟通与协调等重大问题。努力将贸易差额控制在合理范围内，为人民币兑美元汇率在合理均衡水平上保持基本稳定奠定基础。加强最高层沟通，降低政策误判、行为失当风险。继续发挥中美战略与经济对话机制等平台的作用，加强宏观经济政策协调。积极推动两国民间交流，强调人民币国际化可以与现行主要货币一道承担提供公共产品的义务，有利于缓解美元的压力。引导人民币更多的在亚洲地区、"一带一路"沿线使用，避免与美元正面冲突。

4.2.4　积极发挥国际货币基金组织在国际政策协调中的作用

国际货币基金组织（IMF）成立于 1945 年，至今已成为拥有 189 个成员的全球性组织，在国际货币金融领域拥有不可替代的巨大影响力，被称为各国央行的"央行"，在2008年国际金融危机和之后的欧债危机中起到了重要的作用。作为当今世界最重要的全球经济治理机制之一，国际货币基金组织的重要作用主要体现在经济监督、发放贷款和能力建设三个方面。具体来说，包括针对成员方实施有助于实现其宏观经济稳定进而加快经济增长并缓解贫困的政策向成员方提出建议；临时向成员方提供融资，以帮助其应对国际收支问题；应各成员方的请求，提供技术援助和培训，以帮助其建立实施稳健的经济政策所需的专长和制度。近年来，国际货币基金组织在治理结构的改革上取得了诸多进展，加强了新兴市场经济体和发展中国家的发言权，在推动人民币国际化进程中也发挥了不可忽视的作用。

2016年10月1日，国际货币基金组织宣布人民币正式纳入特别提款权（SDR）货币篮子，与美元、欧元、英镑和日元一起，跻身全球最重要储备货币之列，成为仅次于美元和欧元的三大权重货币。这相当于国际货币基金组织为人民币在国际市场的广泛使用和广泛支付进行了官方背书，既是国际社会对人民币国际化前期成果的肯定，也是人民币国际化的一个重要里程碑。2017年3月31日，国际货币基金组织在发布的2016年第四季度"官方外汇储备货币构成"（COFER）数据中，首次将人民币外汇储备的持有情况单独列出：截至2016年第四季度末，各国持有的外汇储备中，人民币储备约合845.1亿美元。这表明人民币加入SDR后的制度红利开始显现，人民币资产得到越来越多国家的官方认可，人民币的国际使用范围从私人部门走向官方部门，与美元、欧元等货币一样正在全方位发挥国际货币职能。此外，国际货币基金组织在2017年秋季《世界与中国经济展望报告》中再次上调中国预期经济增长率，预计中国GDP增长率在2017年和2018年分别达到6.8%和6.5%。这是2017年国际货币基金组织第四次上调中国GDP预期增长率，有利于增强世界各国对人民币和中国经济的信心，提高人民币的国际地位和影响力。

可以看出，国际货币基金组织作为各成员方开展国际货币合作的核心机构，充分发挥其协调全球宏观政策的平台作用，对于维护良好的货币秩序、有效应对金融危机、确保国际金融稳定，为人民币国际化营造良好的国际环境具有重要意义。中国应从以下四个方面参与改革和完善国际货币基金组织，使其更好地发挥协调全球货币政策职能。

（1）中国应积极参与国际货币基金组织完善份额和治理结构，保障国际货币基金组织资源充足性。2015年12月，美国国会通过了《国际货币基金组织（IMF）2010年份额和治理改革方案》，提高了新兴市场和发展中国家在国际货币基金组织的代表性和发言权，有利于维护基金组织的信誉、合法性和有效性。但是，由于2010年改革方案落实不久，一些国家改革动力不足，各方对份额公式等技术问题分歧明显。未来中国应该加强与各方的密切合作，推动国际货币基金组织份额和治理机构的进一步改革，提高有活力的新兴市场和发展中经济体的占比。另外，全球经济面临的不确定性上升，要求国际货币基金组织保持资源充足。中国目前也在就国际货币基金组织的资源问题进行密集沟通协调，确保基金组织成为以份额为基础、资源充足的国际金融机构，加强应对经济金融危机的能力。

（2）中国应推动国际货币基金组织改善资本流动监测与应对，加强全球金融安全网。在当前经济金融全球化不断深化的背景下，无论是国际资本流动本身还是相应的国际资本流动管理政策都具有极大的国际溢出影响。尤其是2015年以来，全球资本流动波动加剧，新兴市场和发展中经济体普遍面临资本外流的压力。在这种背景下，完善国际货币基金组织政策管理框架，加强资本流动溢出管理，构建以国际货币基金组织为核心的全球金融安全网是重要且必要的。全球金融安全网包括全球、区域、双边及各国自身储备等多个层次，当前面临的主要问题是各层次之间缺少协调、资源难以整合。2016年9月，中国作为国际货币基金组织第三大成员国，利用担任东盟与中日韩（10+3）主席国和G20主席国的双重身份，成功促成国际货币基金组织与"清迈倡议多边化（CMIM）"的联合救助演练，取得积极响应。未来中国可以更多地推动以中国为主导的新型国际组织与国际货币基金组织开展类似合作，提高全球金融安全网的有效性。

（3）中国应参与加强国际货币基金组织宏观审慎监管框架的制定，完成金融监管范式转变。近几年G20峰会、国际清算银行（BIS）、巴塞尔委员会等都对宏观审慎政策框架给予了高度关注。不同于巴塞尔银行监管委员会所强调的审慎理念本身应从微观向宏观全面转变，国际货币基金组织专家报告强调关注宏观经济走势对金融体系稳健的影响，并将宏观审慎指标分为两大类：一类是微观审慎指标的汇总，即单个金融机构的稳健指标；另一类是影响金融体系的宏观经济因素指标，主要指经济增长、国际收支、通货膨胀、利率与汇率以及资产与负债状况等。国际货币基金组织目前主要通过两种方式为各国宏观审慎政策提供国别建议：一是金融部门评估规划（FSAP）；二是对各国经济形势的常规监测。未来要更好地协调各国之间的宏观政策，必须进一步加强宏观审慎监管，完成金融监管范式的转变。中国宏观审慎政策的探索与创新在国际上走在了前面，初步形成了"货币政策+宏观审慎政策"双支柱的金融调控框架，为全球提供了有价值的经验，因此，中国有必要也有能力协助国际货币基金组织在考虑各经济体金融发展状况及体制问题的基础上，发挥宏观审慎框架在应对系统性金融风险方面的补充作用。同时，中国要推动国际货币基金组织进行跨境监管交流，建立有效的双边监管合作机制，扩大信息共享范围，完善跨境风险应对和危机处置安排，以国际货币基金组织为媒介，同各国一道有效应对金融危机，确保国际金融稳定。

（4）中国应主动推进国际货币基金组织在汇率测算方面和监督方面的机制建设。目前国际货币基金组织使用的主要汇率评估模型包括：宏观经济余额法（macroeconomic balance）、均衡实际有效汇率法（equilibrium REER）、外部可持续性法（eternal sustainability）。每种分析方法均存在较大的局限性。例如，宏观经济余额法以准确测算一国经常账户余额的均衡水平为假设；均衡实际有效汇率法以合理确定中期均衡实际有效汇率水平为基础；外部可持续性法则以可持续的对外净资产规模为前提，因此，将以上模型运用到对成员国汇率政策的指导中尚需进一步完善和检验。为了更好地进行汇率监督和评估，从而协调汇率政策，国际货币基金组织应该继续在技术上改进和完善现有理论分析方法。同时，需要注意的一点是，对于汇率的分析不能过分追求和强调汇率的水平，夸大短期和一次性汇率水平调整的作用，忽略汇率调整的过程管理和机制建设。未来国际货币基金组织应以汇率分析作为监测窗口，系统地分析内外经济失衡的深层原因，根据国情和发展阶段"量身定做"汇率调整建议。中国应该主动与国际货币基金组织沟通，帮助国际货币基金组织了解中国人民币汇率改革的重点与难点，推动国际货币基金组织以更为客观公正的标准监管国际汇率，防止国际货币基金组织通过汇率监控反制我国，阻碍我国人民币国际化道路。

第5章
人民币国际化及相关启示

5.1 人民币国际化现状

人民币国际化，指人民币在对外经济往来中发挥国际货币职能，若干年后发展成为国际贸易和国际投融资的主要计价结算货币以及重要的国际储备货币。从2009年跨境贸易人民币结算试点开始，人民币国际化就始终坚持"服务实体经济，促进贸易投资便利化"的导向，密切跟踪市场变化，贴近经济主体在不同阶段的人民币跨境使用需求，在充分总结试点经验的基础上，做好风险评估与防范，适时在更大范围内推广，逐步实现从经常项目到资本项目、从贸易投资到金融交易、从银行企业到个人、从简单到复杂业务的拓展。

关于人民币国际化程度的衡量，国内外学者展开了深入研究，尝试从不同的角度来评价人民币行使世界货币职能的客观现象。例如，李稻葵等（2008）从储备货币、贸易与金融交易以及国际债券的币种结构三个方面对人民币国际化程度进行了预测；中国人民银行人民币国际化小组（2006）基于境外流通范围、境外流通数量、国际贸易中支付数量、直接投资计价数量、境外国际官方储备等角度提出了货币国际化指标体系，设定美元为100，以此为基数测得当年欧元国际化值为40，人民币国际化值仅为2。英国渣打银行（2012）以香港、伦敦和新加坡离岸人民币市场为考察对象，选择人民币存款、点心债券和存款证、贸易结算和其他国际付款、外汇等四个变量，编制人民币环球指数，重点反映离岸市场人民币交易状况。

中国人民大学国际货币研究所（IMI）从国际货币的基本职能出发，认为在人民币资本账户有序开放情况下，人民币的国际货币功能应该主要体现在实体经济领域，强调人民币作为贸易计价结算和直接投资、国际债券交易货币的职能。IMI以此为指导思想编制了一个综合的多变量合成指数——人民币国际化指数（RMB internationalization index，RII），用以客观描述人民币在国际经济活动中的实际使用程度。通过这个综合量化指标，可以了解人民币在贸易结算、金融交易和官方储备等方面执行国际货币功能的发展动态，也可以与其他主要国际货币做出横向比较，为国内外研究和分析人民币国际化问题奠定了技术基础。2010～2018年人民币国际化指数变化如图5-1所示。

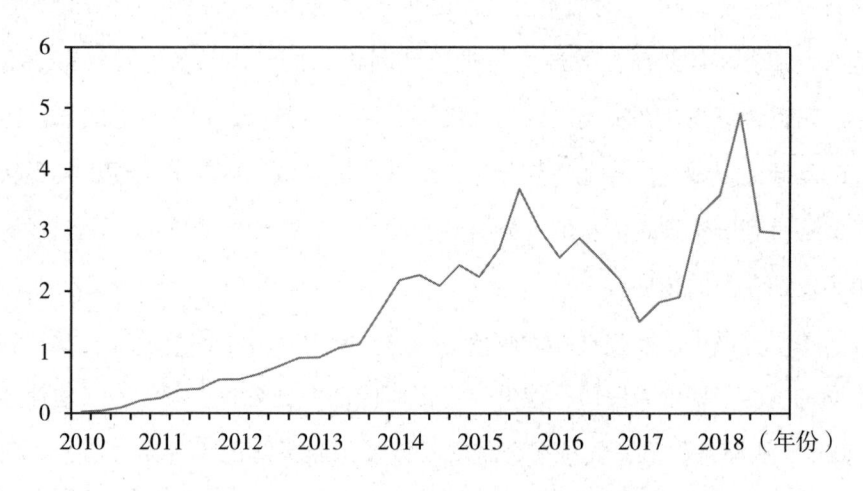

图 5-1　2010～2018 年人民币国际化指数变化

资料来源：IMI 历年《人民币国际化报告》。

由图 5-1 可知，RII 在 2009 年底只有 0.02%，人民币在国际市场上的使用几乎完全空白。截至 2018 年底，RII 达到 2.95%，短短数年已经崭露头角。目前，在全球范围内，国际贸易的人民币结算份额为 2.05%；在包括直接投资、国际信贷、国际债券与票据等在内的国际金融交易中，人民币计价的综合占比为 4.90%；在全球官方外汇储备资产中，人民币占比为 1.89%。如果从 2009 年跨境贸易人民币计价结算试点开始算起，人民币国际化刚刚走过第一个十年。但就在这短短的几年时间里，RII 经历了从快速攀高到遇阻急落、再到企稳回升的曲折过程，人民币正式加入了特别提款权货币篮子，并逐渐成为国际金融市场以及全球官方外汇储备值得信赖的可选择币种之一。

为了持续推进人民币国际化进程，政策制定者推出了一系列相关的政策，本书接下来将对其进行梳理、总结和归纳。

5.1.1 跨境贸易人民币结算和相关政策

近五年来，跨境贸易人民币结算保持平稳增长态势。据中国人民银行统计数据，2018 年全年跨境贸易人民币结算业务累计发生 5.11 万亿元，较 2017 年增加 7 500 亿元，同比增长 17.2%；跨境贸易人民币结算占中国货物及服务贸易总额的 14.9%，较 2017 年增加了 1 个百分点。自 2012 年起，人民币贸易结算经历了先升后降、企稳回升的发展变化，2015 年达到峰值，在我国贸易总额中的占比曾一度超过 30%。在人民币汇率形成机制改革后，夹杂在贸易结算中的投机性交易消退，跨境贸易人民币结算规模开始下降。目前，跨境贸易人民币结算规模基本上反映了真实贸易结算需求。

推动人民币贸易结算规模增加的因素可归纳如下。第一，人民币流动性充裕。2018 年我国先后与泰国、澳大利亚、阿尔巴尼亚、尼日利亚、巴基斯坦、日本、印度尼西亚、乌克兰等国签署了双边本币互换协议，确保离岸人民币流动性充足。第二，基础设施更加完善，CIPS（二期）上线运行，香港快速支付系统——"转数快"启动，提高了人民币跨境结算的效率。第三，更多大宗商品以人民币计价结算，推出了人民币原油期货、铁矿石期货以及乙二醇掉期等交易产品与平台。第四，美国对伊朗、委内瑞拉、俄罗斯等国实施严厉的经济和金融制裁，导致这些国家纷纷将贸易结算货币转向欧元和人民币。第五，人民币币值相对稳定，汇率避险需求增加。自 2008 年国际金融危机爆发以来，国际贸易结算货币如美元和欧元汇率发生剧烈波动，导致持有大量美元和欧元的国家经济遭受损失，许多国家纷纷减持美元和欧元，使用其他货币来进行国际支付和结算。我国的外贸企业和贸易伙伴，尤其是东盟一些国家（地区）的企业都普遍希望能够通过增持相对稳定的人民币、进行人民币结算来降低对美元或者欧元的持有，以期降低由于大量持有美元或欧元而导致的汇率风险。因此，推进人民币结算不仅能够节约交易成本，还能有效规避汇率风险。第六，与境外国家（地区）货币合作的发展。我国与其他国家（地区）的货币合作为跨境贸易人民币结算的推进提供了有力保障。特别是2008年国际金融危机以来，为降低各国贸易活动中因汇率波动导致的风险，我国先后与韩国、马来西亚、白俄罗斯、印度尼西亚、阿根廷、冰岛、新加坡、新西兰、乌兹别克斯坦、蒙古、哈萨克斯坦及俄罗斯等国家（地区）签订多个货币互换协议和本币合作协议，不仅可以为推动我国双边贸易与投资发展提供助力，同时可以为稳定双边金融市场提供短期流动性保障。众多国家（地区）与我签订货币互换和本币合作协议，意味着人民币的国际地位得到了广泛认可。

此外，人民币跨境贸易结算量的稳步上升与配套政策的不断完善密不可分。2009年4月8日，上海、深圳、广州、东莞和珠海成为我国开展跨境贸易人民币结算工作的首批试点城市，同时规定境外范围主要为东盟十国，2009年6月29日，香港也被列入试点地区。为规范人民币跨境流通管理，中国人民银行同财政部、海关总署等六个部委于2009年7月2日共同发布了《跨境贸易人民币结算管理办法》，同时公布了相应的实施细则。2010年6月22日，国务院出台《关于扩大跨境贸易人民币结算试点有关问题的通知》，涉及增设试点地区问题，将其扩大至20个省（自治区、直辖市）等，试点业务也由仅限于货物贸易延伸至其他经常项目，与此同时，境外由东盟国家扩大至世界各国（地区）。2011年1月6日，中国人民银行出台《境外直接投资人民币结算试点管理办法》，自此境外直接投资人民币结算试点正式启动，首个跨境直接投资人民币结算试点是我国新疆维吾尔自治区。2011年8月22日，国务院发布了《关于扩大跨境贸易人民币结算地区的通知》，境内地域范围扩展至全国各地，由此我国跨境贸易人民币结算从纵深发展进入全面发展时期，但是针对出口贸易仍然只限于试点单位。2012年3月2日，中国人民银行与多部委共同发布《关于出口货物贸易人民币结算企业管理有关问题的通知》，不再对出口的试点企业进行限制，任何拥有进出口经营许可的企业都能够用人民币进行结算。至此，人民币跨境结算业务中的有关贸易部分，从贸易的地域范围到业务范围都已经解除限制，全面放开。中国人民银行发布的《人民币国际化报告（2015）》指出，将会继续完善人民币国际化的基础设施建设，不断扩大经常项目下的人民币跨境使用范围，加强对拓宽人民币跨境投融资渠道的重视，逐步提高双边货币合作紧密程度，增加各国将人民币作为储备货币的规模。2018年1月，中国人民银行发布《进一步完善人民币跨境业务政策促进贸易投资便利化的通知》：一是明确依法可使用外汇结算的跨境交易，企业都可以使用人民币结算；二是开展个人其他经常项目人民币结算业务，满足个人项下雇员报酬、社会福利等人民币跨境结算需要；三是践行绿色发展理念，支持境外投资者以人民币参与境内碳排放权交易；四是便利境外投资者以人民币进行直接投资，优化业务办理流程，取消相关账户开立和资金使用等有关方面的限制；五是明确境内企业境外行债券、股票募集的人民币资金可按实际需要调回境内使用。以上政策的实施有利于进一步提高贸易投资便利化水平，有利于提升金融机构服务实体经济、服务"一带一路"建设的能力，有利于推进更深层次、更高水平的对外开放。

2018年4月，中国人民银行在总结天津、广东、福建自由贸易试验区（自贸区）跨境人民币资金池业务试点经验的基础上，进一步完善跨国企业集团跨境人民币资金池业务政策，将净流入和净流出宏观审慎调节系数均调整为0.5。中国人民银行将根据宏观经济形势和金融调控的需要，对宏观审慎调节系数进行动态调整。跨境人民币资金池业务为跨国企业集团在境内外成员企业之间开展人民币资金余缺调剂和归集提供了便利，促进了贸易投资便利化。

作为推动人民币国际化的另一重要举措，"石油人民币"打破了石油市场的美元计价定式。布雷顿森林体系瓦解后，在强大的经济和军事实力支撑下，美国与石油输出国组织（OPEC）国家达成协定，将美元作为石油贸易的计价和结算货币。从此以后，"石油美元"时代正式开启，美元成为国际石油市场唯一的计价结算货币。

随着汽车消费的快速增长，我国对石油的需求急速增加，目前是世界第一大原油进口国和第二大原油消费国。由于国际原油使用美元计价结算，美元波动加剧了国际油价波动，给我国带来巨大的汇兑损失，物价稳定受到严重威胁。为了减少美元波动的额外损失，有必要在原油进口中使用人民币计价结算。同时，美国的巨额贸易逆差和财政赤字增加了美元贬值风险，大量持有美元资产的石油出口国担心潜在的财产损失，不愿将"所有的鸡蛋放在一个篮子里"，石油贸易"去美元化"的呼声开始高涨，人民币成为一个受欢迎的选择。

早在2008年，中国就开始尝试使用人民币进行原油贸易结算。由于人民币的币值相对坚挺，自2013年以来，卡塔尔、尼日利亚、阿联酋、伊朗、俄罗斯、安哥拉、哈萨克斯坦等国先后作出决定，在与中国的原油或石油副产品贸易中更多使用人民币进行结算。

2018年3月26日，以人民币计价的原油期货在上海期货交易所子公司——上海国际能源交易中心挂牌交易。为便于境内外投资者参与，中国原油期货市场在交易机制上采用国际主流并根据中国的特点进行了优化。中国原油期货上市是我国扩大对外金融开放的重要举措，有助于人民币成为大宗商品定价货币。原油期货为原油现货交易提供了新的风险对冲产品，也为石油市场计价货币多元化提供了可操作的平台垄断局面。人民币原油期货市场的建立，既可吸引更多国际资金参与我国资本市场，拓宽人民币国际循环渠道；还可形成直接反映我国石油市场供求关系的石油价格，有利于我国获得与进口原油大国相对应的话语权，维护能源安全和经济安全。

5.1.2 金融交易与资本账户开放

1. 人民币债券市场

2018 年，我国债券市场共发行各类债券 43.6 万亿元，较上年增长 6.8%，其中，银行间债券市场发行债券 37.8 万亿元，同比增长 2.9%。截至 2018 年 12 月末，债券市场托管余额 86.4 万亿元，其中，银行间债券市场托管余额为 75.7 万亿元。①

人民币国际债券规模在 2010~2015 年间直线上升，随后进入平稳增长阶段。境外投资者通过直接入市和债券通渠道参与银行间债券市场，截至 2018 年末，境外机构投资者持有各类人民币债券 1.51 万亿元，同比增长 50.26%，主要是记账式国债和政策性银行债，占其所持债券总量的 96.87%。② 人民币债券已成为国际认可的避险资产，我国国债托管量的 8% 被境外投资者持有。

2018 年人民币国际债券和票据存量小幅增加。在中美贸易摩擦加剧、英国"脱欧"等不确定性因素较大的背景下，中国央行继续实施稳健中性的货币政策，四次定向降准，灵活开展公开市场操作，综合利用货币政策工具提供不同期限流动性，保证了流动性的合理充裕和相对较高的利率，使得人民币债券继续保持良好的国际竞争力。但是，受制于国际债券市场的"网络效应"，与目前主流国际货币相比，人民币在国际债券市场的份额依然较低，2018 年第四季度存量为 1 075.49 亿美元，同比增加 42.02 亿美元，增幅为 4.07%。在国际债券总额中的占比为 0.44%（见图 5-2）。

---

① 《2018 年金融市场运行情况》，中国人民银行金融市场司网站，2019 年 1 月 25 日。
② 《人民币债市受境外机构"热捧"》，载于《经济参考报》2019 年 1 月 30 日。

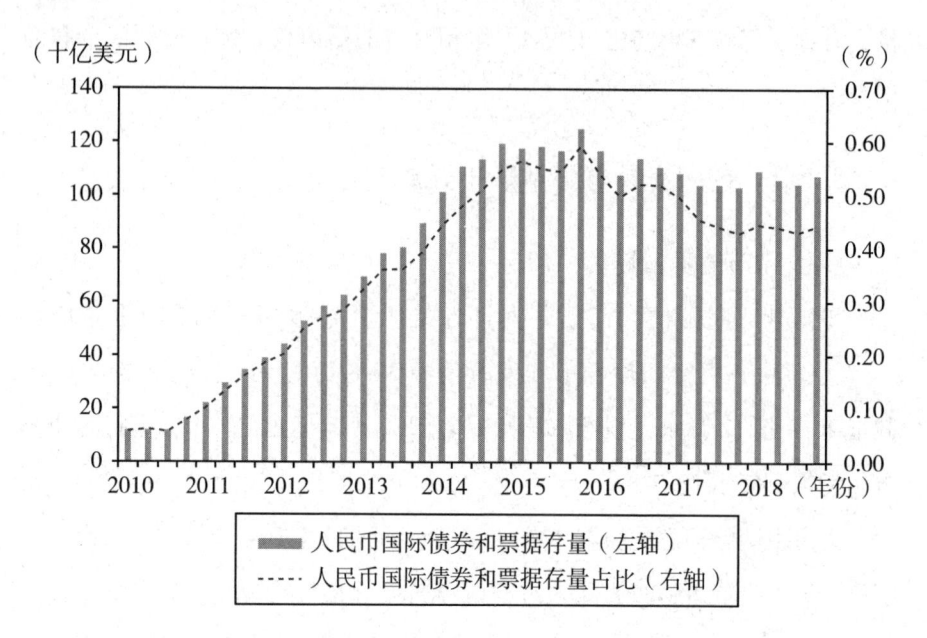

图 5-2　人民币国际债券和票据存量及其占比

资料来源：国际清算银行。

2018 年，离岸市场共发行 267 只人民币债券，同比增加 126 只；总发行额为 1 161.3 亿元，同比增长 1.4 倍。其中，香港离岸人民币债券（点心债）发行规模为 419 亿元，未偿余额为 1 706 亿元。财政部发行了 100 亿元人民币国债，中国人民银行首次发行了 200 亿元央票，香港高信用等级人民币金融产品更加丰富，有利于完善人民币债券收益率曲线。①

境外机构发行熊猫债券明显回暖，银行间债券市场是熊猫债券发行的主要场所。截至 2018 年末，银行间债券市场各类参与主体共计 20 763 家，境外机构投资者 1 186 家，较上年末增加 380 家。② 共发行熊猫债券 43 期，发行总额 746.60 亿元，分别占发行总期数和发行总规模的 74.1% 和 78.1%。交易所债券市场共发行熊猫债券 15 期，发行总额 209.30 亿元，

---

① 中国外汇交易中心：《2018 年离岸及跨境人民币业务运行综述》，载于《中国货币市场》2019 年第 1 期。

② 《2018 年金融市场运行情况》，中国人民银行金融市场司网站，2019 年 1 月 25 日。

分别占发行总期数和总发行规模的25.9%和21.90%。2018年共有29家境外机构累计发行熊猫债券58期，发行额955.90亿元，与2017年的发行降温形成鲜明的对照，发行机构数量、发行期数和发行总额同比分别增长16.00%、65.71%和32.95%。①

值得注意的是，2018年绿色债券市场发展迅速，中国发行人在境内外共发行了2 089亿元绿色债券，与2017年的1 578亿元相比增长了33%。②

人民币债券市场规模扩大、国际吸引力提高的主要原因是：中国债券市场制度建设不断完善，以及相对较高的投资收益。第一，加强债券市场基础设施建设。2018年3月，CIPS（二期）投入运行，为全球各时区的交易时间提供了便利。第二，放松跨境资金流动限制。2018年5月，中国人民银行发布《关于进一步完善跨境资金流动管理支持金融市场开放有关事宜的通知》，提出境外人民币业务清算行和境外人民币业务参加行可开展同业拆借、跨境账户融资、银行间债券市场回购交易等业务；6月，国家外汇管理局发布《合格境外机构投资者境内证券投资外汇管理规定》，取消对合格境外机构投资者（QFII）、人民币合格境外机构投资者（RQFII）的多项要求，为跨境证券投资和资金流动提供便利。第三，实行税收优惠。2018年11月，财政部、税务总局发布《关于境外机构投资境内债券市场企业所得税增值税政策的通知》，对境外机构投资境内债券市场取得的债券利息收入暂免征收企业所得税和增值税，原本人民币利率高于其他主要货币，此举进一步提高了人民币资产的收益，刺激更多境外机构投资者将中国债券纳入资产配置范畴。2018年3月，彭博宣布自2019年4月起逐步把以人民币计价的中国国债和政策性银行债券纳入彭博巴克莱全球综合指数。

中国债券市场逐步加快对外开放步伐，释放积极信号。人民币债券越

---

① 联合资信评估有限公司：《2018年熊猫债券市场研究报告》，和讯网，2019年1月24日。
② 《2018中国绿色债券市场报告》，http://ipoipo.cn/post/4392.html，2019年3月28日。

来越多地被纳入主流债券指数。例如，2017年7月，花旗宣布将中国债券市场纳入"花旗世界国债指数—扩展市场"；2017年3月，彭博巴克莱推出"全球综合+中国指数"和"新兴市场本地货币政府+中国指数"，将人民币债券纳入这两项全新的固定收益指数。这就表明，国际社会认同中国债券市场的巨大发展前景，中国债券市场也将更快融入全球市场。

此外，"一带一路"建设也推动了中国债券市场国际化。根据国务院发展研究中心估算，2016~2020年，"一带一路"沿线国家基础设施合意投资需求高达10.6万亿美元，而发行债券是满足巨额投资需求的一个重要手段。2018年3月，我国发布了《关于开展"一带一路"债券试点的通知》，开放债券市场，鼓励发行"一带一路"债券，加强金融互联互通，为沿线国家政府和企业募集外部资金支持建设。

"债券通"构建了资金跨境流动的机制，提高了交易的便利性，降低了境外机构参与债券投资的门槛。"债券通"机制是指境内外机构投资者通过香港与内地债券市场基础设施机构连接，买卖两个市场交易流通的债券。"债券通"为境外机构投资者投资境内银行间债券市场提供了新的途径，是"沪港通"和"深港通"之后中国内地和境外通过市场基础设施联通实现金融市场双向开放的又一制度创新，是债券市场对外开放和人民币资本项目可兑换的一项重要举措。境内外交易平台直联、多级托管及名义持有人登记安排、通过人民币跨境支付系统进行跨境资金清算、通过"人民币购售"安排服务境外投资者资金兑换和外汇风险对冲等多项新举措为银行间债券市场对外开放提供了机制保障。监管机构则可通过信息穿透式安排和监管协调合作及时获取有关交易、托管、结算及资金汇出入等信息，有效满足监测分析和宏观审慎管理的需要，有利于防范风险、维护金融稳定。截至2018年12月末，共有503家境外主体通过"债券通"渠道进入银行间债券市场，其中64%是由全球资产管理公司和基金管理公司管理的产品。总之，通过一系列制度创新和国际化安排，大大提高了我国债券市场的开放水平和国际影响力，有利于逐步提高人民币债券在全球的份额。

2. 中国渐进式的资本账户开放

改革开放以来，中国始终坚持对外开放的基本国策，发展开放型经济。加入世界贸易组织后，为了兑现金融服务业开放的承诺，中国政府采取了一系列推进金融业双向开放的措施，逐步放松资本项目管制。

2008年国际金融危机爆发前，中国在直接投资、贸易融资等涉及实体经济的领域，资本账户开放力度较大。第一，放宽跨境直接投资，只要是符合相关产业规定、经过真实性审核以及履行了相应审批程序的，都基本放开。第二，鼓励跨境贸易融资，只要通过真实性审核就可自由流动；对于外商投资企业，在实际投资与注册资本之间的差额范围内，可以向境外母公司借款。第三，实行跨境证券投资额度管理，有限度地开放了证券市场。在短期外债、外国机构在国内申请贷款或发债等方面，依然实行严格管制。

2008年国际金融危机以及2010年欧债危机接连爆发后，发达国家的经济增速明显放缓甚至出现负增长，中国成为世界经济的新引擎。中国政府在金融危机后调整了资本账户开放政策。第一，大力推动中国企业走向世界，趁发达国家资产价格偏低，急需资本注入的时候，大规模对外投资，增强国际竞争力。第二，推动人民币国际化，降低对外贸易和投资时对美元的过度依赖，加入国际流动性供给者行列。扩大人民币在境贸易与投资中计价与结算的使用范围，大力发展香港、新加坡、伦敦等离岸人民币金融中心，与其他国家（地区）的中央银行签署双边本币互换协议。第三，打造上海国际贸易、国际金融中心，提升中国在全球范围内吸纳、高效配置生产要素、金融资源的能力。

立足于基本国情，中国政府创新地开辟了一条以"渐进、审慎、可控"为特征的资本账户开放路径。十年来，我国根据经济发展需求和国际形势变化，把握资本账户开放节奏和重点，资本账户开放取得了突出进展。2013年"一带一路"倡议提出后，我国加大了直接投资特别是对外直接投资开放力度，出台一系列简政放权措施，取消企业对外直接投资的审批要求（投向敏感国家、地区及行业除外），简化使用人民币对外直接投资的结算程序，激发了我国对"一带一路"沿线国家直接投资的热情。在人民币加入 SDR 前后，为了更好地履行国际货币职能，我国在证券跨境交易、境外金融机构进入我国银行间市场方面敞开大门，完善人民币合格境外机构投资者（RQFII）、人民币合格境内机构投资者（RQDII）制度，拓宽人民币流出流入的渠道。党的十九大召开后，我国明确了以高水平开发促进高质量发展的路径，为了在全球范围内调动和配置资源，提高继续率，我国建立了"债券通"机制，取消 QFII 每月资金汇出不超过上年末境内总资产 20% 的限制和本金锁定期要求；对外资实行"准入前国民待遇＋负面清单"管理模式，大大改善了营商环境，使得 2018 年中国吸引外资在全球直接投资大幅下降的情况下逆势增长。

目前，境外投资者已经可以通过 RQFII、沪港通、深港通、沪伦通、直接入市投资、债券通、基金互认、黄金国际版、特定品种期货等多种渠道投资我国金融市场。RQDII 可按相关规定投资境外金融市场人民币计价的金融产品，也可通过沪港通、深港通和基金互认等渠道投资香港金融市场。从开放路径看，我国金融市场渐进的管道式开放局面是历史形成的，规模有限、风险可控，这些管道各有侧重，满足了不同投资者的需求和投资偏好。但是，各开放管道同时并存、相互隔离，在市场准入、资金汇兑等方面监管要求也不完全一致，这种情形在一定程度上增加了境外投资者多渠道投资的操作难度。为此，中国人民银行目前正在就统一各开放管道监管要求方面进行较大幅度的改革。

鉴于当前国际环境复杂多变，机遇和挑战并存，"渐进、审慎、可控"仍将成为我国资本账户开放的主旋律。展望未来，必须踏踏实实做好自己的事情，资本账户开放要及时、全面满足供给侧结构性改革需要，以高水平开放为高质量发展提供新动力。

5.1.3 储备货币和央行货币互换

1. 人民币储备货币功能增强

2016年10月，人民币正式加入国际货币基金组织特别提款权（SDR）货币篮子，这是人民币国际化进程的一个里程碑。2008年国际金融危机爆发后，全球金融市场剧烈波动，主要储备货币在为全球提供流通性的同时难以兼顾币值稳定。金融危机后，顺应许多国家提出的通过进行本币互换合作提供流动性来促进双边贸易投资的需求，我国先后与38个国家（地区）央行或货币当局签署了双边本币互换协议。同时，我国经济率先复苏并保持了中高速增长，人民币作为高息货币且处于升值通道，境外主体持有意愿较强。中国人民银行顺应需求，逐步放宽各个渠道下的跨境人民币政策，人民币跨境和国际使用快速增长，为人民币加入SDR打下了坚实基础。将人民币纳入SDR货币篮子，是国际货币体系改革的成果，是对人民币国际化进程的认可，是对中国经济开放的认可，也是对中国一系列具有重大意义的改革的认可。加入SDR后，人民币国际储备货币地位显著提高。2017年3月，国际货币基金组织发布的"官方外汇储备货币构成"（COFER）报告中，首次扩展了货币范围，单独列出人民币外汇储备。截至2019年第一季度，人民币全球外汇储备规模增至2 129亿美元，在外汇储备中的占比为1.95%，较2017年第一季度的1.07%提高了0.88个百分点，排名第5位。目前，已有60多个央行或货币当局将人民币纳入外汇储备（见图5-3）。

国际货币基金组织每季度的官方外汇储备货币构成报告（COFER）反映了全球官方外汇储备主要币种构成。自欧元诞生以来，官方外汇储备的币种构成发生了较大变化（见图5-4）：美元占比从1999年的71.01%下降至2018年的61.69%；同期欧元先升后降，受金融海啸和欧债危机打击，由2009年的28.02%下降至2016年的19.14%，2017～2018年有所回升；英镑和日元的比重变动较小。

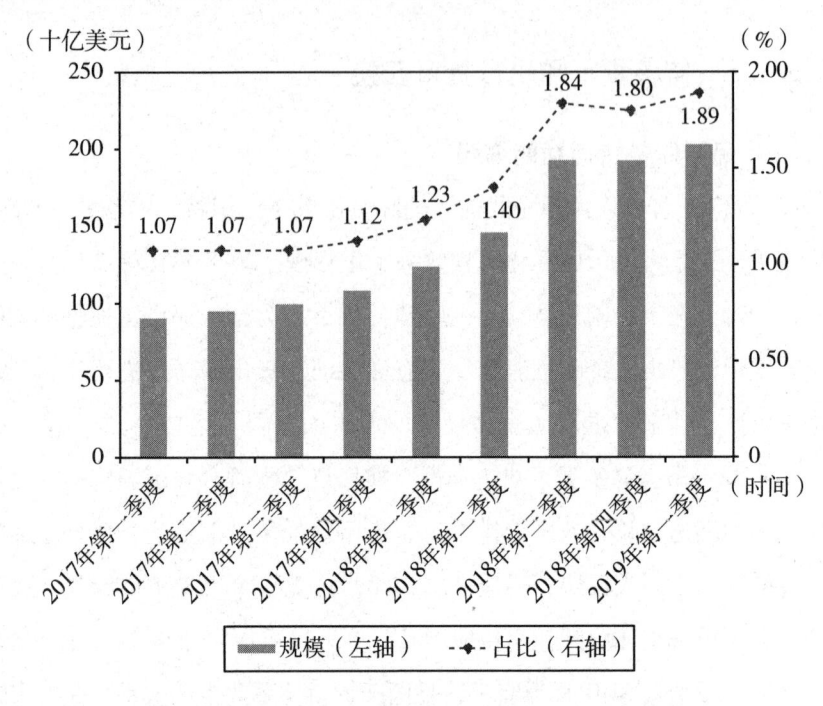

图 5-3 官方外汇储备中人民币的规模及占比

资料来源：国际货币基金组织全球官方外汇储备构成数据库（COFER）。

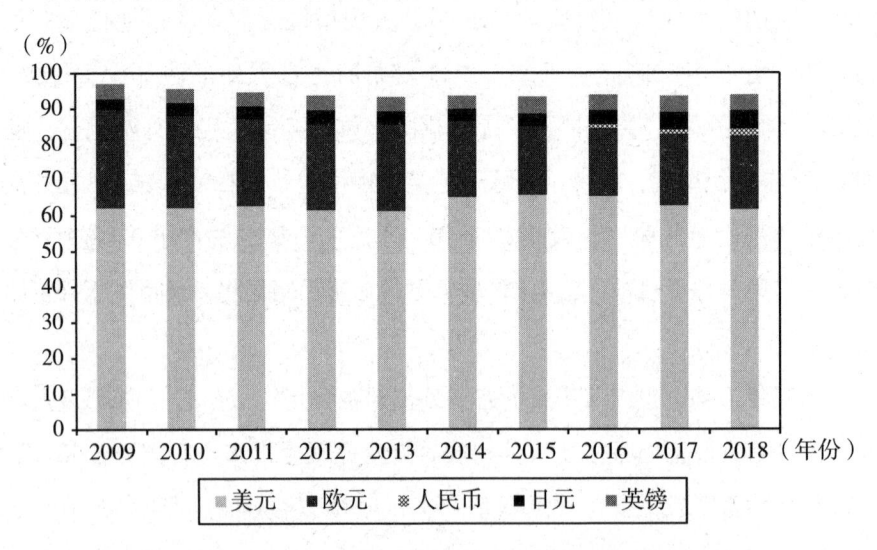

图 5-4 2009~2018 年官方外汇储备货币构成变动情况

资料来源：国际货币基金组织全球官方外汇储备构成数据库（COFER）。

2. 中国货币互换的发展

2008年国际金融危机后，各国都努力通过不同的途径编织金融安全网，完善金融市场基础设施，加强宏观审慎监管，积累外汇储备。双边货币互换是积累外汇储备的有效手段，中国央行与其他货币当局之间的货币互换安排，意味着人民币在提供国际流动性、推动国际金融安全网建设中发挥了重要作用。

据中国人民银行统计，截至2018年底，中国人民银行已与38个国家（地区）的中央银行或货币当局签署了双边本币互换协议，协议总规模达36 787亿元。境外货币当局动用人民币余额为327.86亿元，中国人民银行动用外币余额折合4.71亿美元。

2018年，中国人民银行不仅先后与澳大利亚、阿尔巴尼亚、南非、白俄罗斯、巴基斯坦、智利、哈萨克斯坦、马来西亚、英国、印度尼西亚、乌克兰等国的央行续签了双边本币互换协议，还在2018年4月27日、10月26日分别与尼日利亚、日本央行新签署了2个双边货币互换协议，互换规模为150亿元/7 200亿奈拉、2 000亿元/34 000亿日元。

从地域分布来看，与中国签署货币互换的国家遍布六大洲，尤其集中在亚欧，数量最多的是亚洲国家，共17个，接近总数的一半；其次是欧洲，共有9个欧洲国家及欧洲央行与中国签订了货币互换协议。亚洲和欧洲的货币互换协议签订数量较多，一定程度上体现了中国与这些国家的良好经济合作关系，以及区域对于人民币的认可和需求程度，也反映了人民币国际化的策略方向。而北美洲只有加拿大一国与中国签订了货币互换协议，这说明与北美洲国家进行贸易时使用人民币的认可度还相对较低，人民币需求不足。

从发展阶段来看，中国的货币互换发展历程大致可分为三个时期：清迈倡议时期、国际经济危机时期和后经济危机时期。不同阶段的签订形式、签订目的存在明显的阶段特征。

（1）清迈倡议时期。1997年的亚洲金融危机，暴露了亚洲国家普遍外汇储备不足、金融监管与救济制度薄弱的问题。在这样的背景下，亚洲各国尤其是东亚各国积极推进区域金融合作和建立危机防范机制。2000年5月6日,"10+3"(东盟十国+中日韩)财长会议上通过了著名的"清迈倡议",尝试将原来的东盟内部的货币互换机制扩大到"10+3"范围内,并在区域货币合作领域取得了一定的进展。中国先后与泰国、日本、韩国、马来西亚、菲律宾和印度尼西亚签订了双边货币互换协议,协议总规模155亿美元,以双边美元互换为主要形式。

(2)国际经济危机时期。经济危机时期(2009~2010年)签订的8笔货币互换协议,既是中国在经济危机时期应对危机的一种尝试,同时也是中国脱离清迈倡议框架下进行的货币互换尝试。国际经济危机时期的货币互换呈现如下特点。

其一,以应对危机为主要目的。经济危机时期的8笔货币互换协议带有应对经济危机的特点。在中国人民银行有关负责人就中韩本币互换事宜答记者问上,提到中韩货币互换的意义在于体现双方加强合作、共同应对危机的意愿,其余的货币互换公告中也普遍提到促进经济增长。

其二,货币互换额度相对较低。相较危机后的货币互换额度而言,经济危机阶段的货币互换作为中国主导的双边货币互换尝试,带有审慎的原则,额度普遍不高。

(3)后经济危机时期。后经济危机时期(2011年至今),各国(地区)进入经济的复苏期,寻求更紧密的经济合作以求促进经济增长。中国在经济危机后对过度依赖美元存在的风险进行了深刻的思考,开始尝试以双边本币互换和离岸人民币市场并行的手段,推进人民币国际化,以期减少对美元的依赖,增加人民币在跨国贸易和投资中的使用。后经济危机时期中国签署的货币互换总额持续上升,签署对象不断增加。

5.2 人民币国际化与人民币汇率形成机制改革

一国货币的国际化与其汇率制度密切相关。具有弹性的汇率制度能够使得一国汇率随着外汇市场供求的变化而波动，从而抵御外部冲击对本国经济的影响。然而，过度的汇率波动也会对一国货币的国际化不利。在2005年人民币汇率形成机制改革之前，人民币采用的是盯住美元的固定汇率制。这种汇率制度不仅不能根据外部经济金融环境的变化进行人民币汇率的升值或贬值调整，而且会导致周边国家在与中国开展经贸和金融活动时，不选择人民币而是更多地直接选择美元。2005年7月中国人民银行开始推进人民币汇率形成机制改革。这次汇率形成机制改革的主要内容是开始实行以市场供求为基础、参考一篮子货币进行调节、有管理的浮动汇率制度；人民币汇率不再盯住单一美元，形成更富弹性的人民币汇率机制；中国人民银行于每个工作日闭市后公布当日银行间外汇市场美元等交易货币对人民币汇率的收盘价，作为下一个工作日该货币对人民币交易的中间价；每日银行间外汇市场美元对人民币的交易价仍在人民银行公布的美元交易中间价上下3‰的幅度内浮动，非美元货币对人民币的交易价在人民银行公布的该货币交易中间价上下一定幅度内浮动。这次人民币汇率形成机制的改革初衷虽然并不是为了推进人民币国际化，但是随着人民币汇率弹性的增强，再加上人民币阶段性升值趋势明显，人民币在跨境贸易和金融活动中开始逐渐被采用。

自2005年7月起，我国在主动性、可控性、渐进性原则指导下，正式开始实行以市场供求为基础、参考一篮子货币进行调节、有管理的浮动汇率制度。人民币汇率不再盯住单一美元，而是参考一篮子货币，以市场供求关系为重要依据，形成有管理的浮动汇率。虽然整体的方向是让人民币汇率走向更富有弹性的汇率制度，但是在实施人民币汇率形成机制改革的过程中，也遇到了外部环境的诸多挑战。2008年，为应对国际金融危机冲击带来的不利影响，我国适当收窄了人民币汇率的波动幅度，在多个经济体货币对美元大幅贬值的情况下，人民币汇率保持了基本稳定，为抵御国际金融危机发挥了重要作用，也为亚洲乃至全球经济复苏作出了巨大贡献。

2009年是我国开始推进人民币国际化进程的第一年，中国人民银行开始实行跨境贸易人民币结算的试点工作，同时开始与其他国家央行开展人民币的双边货币互换。但是，当时的人民币汇率制度仍然沿用了金融危机期间实行的基本盯住美元的相对僵化的固定汇率制度，这显然不利于人民币国际化进程的推进。2010年6月19日，中国人民银行决定进一步推进人民币汇率形成机制改革，增强人民币汇率弹性。这次汇改的主要内容是：进一步推进人民币汇率形成机制改革，重在坚持以市场供求为基础，参考一篮子货币进行调节；继续按照已公布的外汇市场汇率浮动区间，对人民币汇率浮动进行动态管理和调节。随后，中国人民银行分别于2012年4月16日、2014年3月17日将银行间即期外汇市场人民币对美元交易价浮动区间由5‰扩大至1%、2%。可以说，2009年的跨境贸易人民币结算和2010年的进一步推进人民币汇率形成机制改革的决定，进一步促进了人民币在跨境经贸和金融活动中的使用。

2015年8月11日，中国人民银行进一步完善人民币汇率市场化形成机制。一方面，在中间价形成机制上充分体现市场供求对汇率形成的决定性作用，提高中间价的市场化程度；另一方面，则顺应市场的力量对人民币汇率作适当调整，使汇率向合理均衡水平回归。2016年2月，明确了人民币兑美元汇率中间价形成机制，提高了汇率机制的规则性、透明度和市场化水平。2015年以来，中国外汇交易中心（CFETS）发布人民币汇率指数，外汇市场自律机制和中国外汇市场委员会（CFXC）成立，外汇市场得到较大发展。

自2015年8月进一步完善人民币汇率形成机制后，人民币兑美元汇率总体呈现贬值态势。2016年，受美国经济数据好转、美联储加息、英国"脱欧"的影响，全球资本大规模回流美国，人民币兑美元汇率继续贬值。2016年末人民币兑美元汇率中间价为6.9370元，同比贬值6.39%。当年人民币兑美元汇率中间价最高为6.4565元、最低为6.9508元，244个交易日中114个交易日升值、130个交易日贬值，双向波动进一步加剧。

2016年1~4月，人民币兑美元汇率基本稳定在6.5左右，略有升值；5~6月跟随主要货币对美元走低，贬值约2.6%；第三季度汇率重新维稳；第四季度随着美元指数上涨，人民币又出现一轮贬值，跌幅达3.7%。尽管人民币的汇率弹性增强，但是由于币值出现了大幅贬值，人民币在国际经贸活动中的使用受阻，离岸市场的人民币存量从峰值回落，这也在一定程度上说明了管理浮动汇率制下汇率的相对稳定对货币的国际化有重要的意义。管理浮动汇率制的本质也是一方面让汇率保持足够的弹性，另一方面需要央行在必要的时候干预外汇市场，尽量避免本币汇率的大幅波动。

2017年，人民币汇率形成机制改革再进一步，"收盘汇率+一篮子货币汇率变化+逆周期因子"的汇率形成机制有序运行。在中国经济企稳、美元走弱、中美利差扩大以及中间价机制引入"逆周期因子"等因素的助力之下，人民币兑美元汇率创下9年来最大年度涨幅，结束过去3年的连跌走势。具体来看，2017年以来，人民币对美元显著升值，特别是在5月，央行将"逆周期因子"加入人民币兑美元汇率中间价定价公式中后，人民币对美元升值速度有所加快。2017年末人民币兑美元汇率中间价为6.5342元，同比升值6.16%。当年人民币兑美元汇率中间价最高为6.4997元（9月11日）、最低为6.9526元（1月4日），244个交易日中123个交易日升值、121个交易日贬值，双向波动进一步加剧。从月度走势来看，人民币兑美元汇率中间价有7个月实现月度升值，最大单月升值幅度为1.30%，其中4~8月更是连续5个月升值。2005年人民币汇率形成机制改革以来至2017年末，人民币兑美元汇率累计升值26.66%。美元整体走弱，构成2017年人民币对美元走势逆转的基本背景，同时我国经济企稳向好、市场利率大幅走高也为人民币汇率转强提供了支撑。在这个背景下，人民币国际化进程进一步恢复，人民币在跨境贸易和金融活动中的使用进一步增长。

2018年，人民币汇率按照"收盘价+一篮子货币汇率变化+逆周期因子"的机制有序运行，市场供求关系变化在汇率形成中发挥决定性作用，呈现出人民币汇率弹性和双向波动增强、对一篮子货币汇率基本稳定的特征。具体来看，2018年，人民币兑美元汇率呈现先稳后贬、震荡下行的特征。2018年末，人民币兑美元汇率为6.8632，比上年末贬值4.80%。当年人民币兑美元汇率最高为6.2764（4月2日）、最低为6.9670（11月1日），243个交易日中104个交易日升值、139个交易日贬值，贬多升少，双向波动进一步加剧。

2019年，我国继续推进汇率市场化改革，完善以市场供求为基础、参考一篮子货币进行调节、有管理的浮动汇率制度。注重预期引导，保持人民币汇率在合理均衡水平上的基本稳定，发挥汇率调节宏观经济和国际收支自动稳定器的作用。近年来，我国在应对汇率波动过程中积累了丰富的经验和政策工具，坚持创新和丰富调控工具箱，针对外汇市场可能出现的正反馈行为，要采取必要的、有针对性的措施，坚决打击短期投机炒作，对人民币汇率进行管理和调节，保持外汇市场平稳运行，稳定市场预期，维护宏观经济和金融市场的稳定。

2019年，人民币兑国际主要货币汇率呈现先升后贬的特征。人民币兑美元汇率经历了一个升值阶段和两个贬值阶段。2019年初，我国国民经济开局平稳、中美贸易关系缓和、中国股票被纳入MSCI等积极因素增多，境外投资者增持境内股票，资本流入开始恢复，人民币兑美元汇率小幅升值；3~4月，人民币兑美元汇率处于平稳阶段；5月份之后，受国际经济金融形势和贸易摩擦升级影响，人民币兑美元汇率有所贬值，并在7月底至8月底再次急速贬值，之后双向波动特征加强。央行在在岸与离岸市场多渠道发声引导预期，通过公开市场喊话、发行离岸央票等方式维护人民币汇率在合理均衡水平上基本稳定。2019年8月6日，人民币兑美元汇率"破7"，美国财政部随即将中国列为"汇率操纵国"，中国人民银行行长易纲强调："中国作为一个负责任的大国，会恪守历次二十国集团领导人峰会关于汇率问题的承诺精神，坚持市场决定的汇率制度，不搞竞争性贬值，不将汇率用于竞争性目的，也不会将汇率作为工具来应对贸易争端等外部扰动"①，稳定了市场对人民币的信心。此外，2019年中国人民银行在香港成功发行12期共计1500亿元人民币央行票据，通过在香港建立常态化发行人民币央行票据的机制，对离岸市场人民币流动性进行逆周期调节，引导市场预期，有效缓解了人民币贬值压力。

由图5-5可见，自2015年"8·11"汇改以来，人民币兑主要货币汇率结束了单边升值模式，双向波动特征显性化，灵活性与弹性进一步增强，汇率在整体上呈贬值趋势。从2015年"8·11"汇改至2019年末，人民币兑美元汇率累计贬值9.25%，兑欧元汇率累计贬值11.10%，兑日元汇率累计贬值21.16%，兑英镑汇率累计升值7.65%。

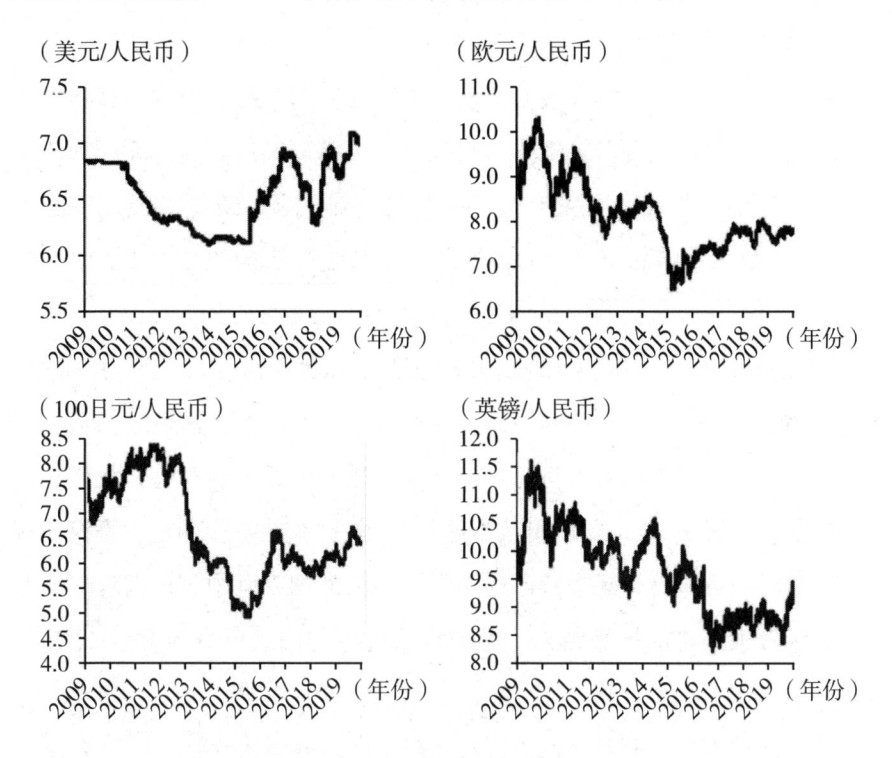

图5-5 2009~2019年人民币兑主要国际货币汇率中间价

但是，回望过去10年，人民币币值依旧保持坚挺，与其他主要国际货

---

① 《央行行长易纲：中国不搞竞争性贬值》，载于《中国青年报》2019年8月5日。

币相比，人民币属于强势货币。从 2009 年末至 2019 年末，人民币兑欧元汇率累计升值 25.35%，兑日元汇率累计升值 15.13%，兑英镑汇率累计升值 19.98%，兑美元汇率累计小幅贬值 2.12%。可以说，过去十年的人民币汇率形成机制改革，不仅让人民币汇率具备了足够的弹性，而且央行在必要的时候对外汇市场进行预期管理，并在这个过程中积累了大量的施行有管理的浮动汇率制度的经验，有效避免了人民币汇率的大幅波动，这些对促进人民币国际化起到了举足轻重的作用。

5.3 对人民币国际化的启示

本书作为对国际贸易和金融活动中货币使用的基础性研究，基本思路是基于加州大学伯克利分校经济学教授艾肯格林（2011）对美元崛起历史中贸易信贷市场所起到的关键作用，以及哈佛大学经济学教授戈平纳斯（2015）对货币在国际贸易中的使用与贸易信贷关系的研究提议。本书提出了一个分析国际贸易和国际金融中货币选择的统一的分析框架，其中重点考虑金融因素对货币选择的影响，并结合微观数据进行实证方面的研究。本书对人民币国际化的相关研究的启示主要体现在以下两个方面。

首先，从理论层面看，作为拥有微观基础的前沿理论模型，我们构建的国际货币选择的理论框架能够为国际货币选择提供完善统一的理论解释，并且将决定国际贸易中货币选择的重要因素纳入其中。根据现有文献以及货币搜索理论的推导结果，影响货币选择的因素可分为金融、宏观、微观和策略四类。

我们的模型可以针对这四类因素，提供严谨的理论分析。(1) 金融因素，涉及金融市场的发展程度、流动性、产品丰富性。我们的理论预期较高的金融发展水平能够提高货币在国际贸易中的使用程度，尤其是对于那些更加依赖金融的出口部门和企业。(2) 宏观因素，体现在货币价值的稳定程度以及央行货币政策的优劣上，可以通过模型对汇率波动率、通货膨胀等指标进行分析。我们的理论预测良好平稳的货币政策会推动货币的国际化进程。(3)微观因素,体现在行业或企业等层面的因素,包括市场占有率、市场集中程度等。我们的理论预测,在行业中占比较大、有一定市场力量的出口商会更多地使用本币进行贸易结算。(4)策略因素,包括厂商定价议价的能力以及产品的同质性等。我们的理论预测,那些具有较强议价能力、出口差异程度较高产品的厂商在国际贸易中会更多地使用本币。这些都为后续的实证研究结论提供了理论基础。

我们的模型不仅可以确定国际贸易和金融活动中的货币选择,而且可以用于讨论不同货币体系对国际贸易和各国福利的影响。对于国际贸易而言,结算货币的币值稳定至关重要。在当今国际金融体系中,如果美联储为了收取更多的铸币税而大幅增加美元的发行量,全球的贸易量将急剧下降,世界各国从国际贸易中获得的利益也将缩小。除此之外,国际货币也和全球失衡密切相关。由于国际贸易和国际金融交易大部分依靠美元计价和结算,所以美国居民在选择货币持有量时面临更小的搜索摩擦,因而会倾向于过度消费和借贷,从而使得美国的经常账户长期赤字,这说明单一的国际货币体系可能会导致长期的结构性全球失衡。这些研究结论对解决中美贸易不平衡、正在加剧的中美贸易摩擦等问题都有一定的应用价值。

其次,从实证层面看,我们的理论需要数据的检验,因此通过对宏微观大数据的实证分析,不仅可以对创建的理论模型进行检验,而且可以对各种影响货币选择的宏微观因素进行量化分析。具体而言,我们会进一步把模型的推断应用到宏观、微观层面的数据去检验,如使用SWIFT含有所有国家层面的国际贸易结算货币信息,以及使用哥伦比亚央行提供的详细的出口商选择货币的信息。通过计量分析,我们可以量化金融、宏观、微观和策略等因素具体如何影响国际贸易和金融中国际货币选择和使用对货币选择的影响。由于中国海关和中国人民银行并未提供带有货币信息的每笔国际贸易的明细数据,我们不能直接使用中国的数据对模型进行检验,但是通过对哥伦比亚出口商的研究，对其他包括中国在内的新兴市场国家也有一定的应用和借鉴意义。例如，我们发现金融发展水平是国际货币的决定性因素，其重要性跟稳健的货币政策等同。虽然国际货币的初始推广阶段往往首先在跨境进出口结算领域取得突破，但国际贸易的顺利进行也和银行金融体系密切相关，在推动结算货币发展的同时也必须加快提升中国的金融发展水平，尤其是要大力发展国内债券市场，提高债券市场的流动性。

具体来看，无论是经济规模的扩大、实力的增强、稳定性的提高，还是产业结构的优化、金融市场的发展和深化，这些货币国际化决定因素的实现都需要相应的政策提供支持和保障。有效的宏观经济政策和结构性政策可以在长期中促进经济增长、优化经济结构、增强国家实力，同时也会熨平经济周期、减少经济波动、推动经济持续健康发展，从而为货币国际化打下坚实的根基。对于进一步推进人民币国际化，根据本书的相应实证和理论分析，现提出以下建议。

第一，深化金融供给侧改革，提高金融体系的效率。坚持稳中求进的基本原则，推动金融供给侧改革与实体经济的供给侧改革相辅相成，强化金融服务实体经济的能力，发挥金融加速器作用。金融活则经济活。高质量经济发展在效率、安全、包容方面为金融发展提供了源泉和方向，也必将成为金融健康发展的"试金石"。

第二，扩大金融市场开放，为人民币在国际贸易和金融活动中扩大使用范围打下基础。对外开放意味着更高的市场化和国际化，意味着充分竞争及创新，从而直接推动了中国金融市场的发展壮大。深化金融市场改革的重点应落在增强金融机构竞争力、扩大金融市场深度和广度、推进包容有效金融监管等具体方面，特别是要努力提高金融机构的抗风险能力。在金融市场扩大开放进程中，应该将货币市场、债券市场作为重中之重。

第三，加强金融基础设施建设，为人民币国际化提供制度保障。金融基础设施提供资金运动的"管道"，完善金融基础设施建设是金融业健康发展、高水平金融开放的必要条件。加强以人民币清算结算体系为核心的金融基础设施建设，促进国际间金融基础设施的协调，可以促进金融工具之间的转换，为金融活动信息的交换和安全提供有力保障，为金融开放提供坚实的基础。与国际上先进的金融基础设施相比，我国还存在不少问题，应当从硬件和软件两个方面加强金融基础设施建设。通过完善相关制度规则、制定金融标准体系、促进国际金融监管合作，为跨境投资、金融交易便利化、人民币国际化奠定制度基础。

第四，加强中美货币政策协调，减少两国货币政策的负面溢出效应。目前，美元作为主导国际货币拥有在位者优势，美国经济政策的外溢效应很强。随着中国经济实力的不断上升，人民币成为一个不断崛起的新兴市场货币，国际影响力逐步提高。因此，在这个过程中，与美国货币政策进行协调尤为必要，协调成功的回报也会很大。基于中国出口部门的重要性以及加工贸易的特点，中美之间宏观政策合作的"双赢"效果会更强，有助于两国经济福利的提高。

需要特别指出的是，金融发展与货币国际化相互影响、相互增强。理论研究和国际经验都证明，任何一国货币的国际化都需要一个具有深度、广度和开放度的国内金融市场作为支撑。要想人民币成为发挥金融资产计价和储备货币职能的国际金融资产，中国无疑需要深化金融改革、扩大金融开放、构建一个更加发达的金融市场，便利包括各国央行在内的全球投资者配置人民币资产以及开展人民币投融资活动。具体而言，第一，进一步深化利率市场化改革，发展人民币国际债券市场，为境内外投资者提供优质的人民币资产作为投资标的，推进人民币作为国际货币的计价职能；第二，完善支付结算等金融基础设施、加强信息披露和信用评级制度建设、优化市场监管体系，为金融市场安全、高效运行提供保障；第三，积极稳妥推进资本项目可兑换、加快人民币汇率形成机制改革、加强跨境资本流动监测和管理，拓宽资本跨境流动渠道、减缓投机性资本流动、维持外汇市场稳定。一个拥有较多以人民币计价的金融产品、完善的金融基础设施和市场秩序、运转高效的金融市场，可以提供更加充分的信息和足够的流动性，降低交易成本，吸引更多的非居民持有以人民币计价的金融资产，增强人民币国际交易媒介和价值储藏的职能；同时也有利于维持币值稳定，支撑市场对人民币的信心，提升人民币国际地位，推动人民币国际化。

参考文献

[1] 高海红、余永定：《人民币国际化的含义与条件》，载于《国际经济评论》2010 年第 1 期。

[2] 黄益平：《国际货币体系变迁与人民币国际化》，载于《国际经济评论》2009 年第 5 期。

[3] 李稻葵、刘霖林：《人民币国际化：计量研究及政策分析》，载于《金融研究》2008 年第 11 期。

[4] 李婧：《从跨境贸易人民币结算看中国的人民币国际化战略》，载于中国社会科学院世界经济与政治研究所国际金融研究中心工作论文，编号 No. 2010W19。

[5] 李晓：《东亚货币合作为何遭遇挫折？——兼论人民币国际化及其对未来东亚货币合作的影响》，载于《国际经济评论》2011 年第 1 期。

[6] 李晓、丁一兵：《论东亚货币合作的具体措施》，载于《世界经济》2002 年第 11 期。

[7] 李晓、李俊久、丁一兵：《论人民币的亚洲化》，载于《世界经济》2004 年第 2 期。

[8] 露口洋介：《人民币国际化的现状和展望》，载于《国际经济评论》2011 年第 3 期。

[9] 潘理权：《国际货币体系改革与人民币国际化》，载于《华东经济管理》2000 年第 4 期。

[10] 邱兆祥：《人民币区域化问题研究》，光明日报出版社 2009 年版。

[11] 人民币国际化研究课题组：《人民币国际化的时机途径及其策略》，载于《中国金融》2006 年第 5 期。

[12] 余永定：《改革国际货币储备体系》，载于《上海经济》2010 年第 1 期。

[13] 余永定：《再论人民币国际化》，载于《国际经济评论》2011 年第 5 期。

[14] 张宇燕：《人民币国际化：赞同还是反对?》，载于《国际经济评论》2011 年第 3 期。

[15] 钟伟：《略论人民币的国际化进程》，载于《世界经济》2002 年第 3 期。

[16] Ahn, J., (2015). Understanding Trade Finance: Theory and Evidence from Transaction-Level Data. In: Working Paper.

[17] Ahn, J., Amiti, M., Weinstein, D. E., (2011). Trade Finance and the Great Trade Collapse. *American Economic Review*, 101 (3): 298 – 302.

[18] Amiti, M., Weinstein, D. E., (2011). Exports and Financial Shocks. *Quarterly Journal of Economics*, 126 (4): 1841 – 1877.

[19] Antras, P., Foley, C. F., (2015). Poultry in Motion: A Study of International Trade Finance Practices. *Journal of political Economy*, 123 (4): 853 – 901.

[20] Asmundson, I., Dorsey, T., Khachatryan, A., Niculcea, I., Saito, M., (2011). Trade and Trade Finance in the 2008 – 09 Financial Crisis. International Monetary Fund.

[21] Bacchetta, P., Van Wincoop, E., (2005). A Theory of the Currency Denomination of International Trade. *Journal of International Economics*, 67 (2): 295 – 319.

[22] Batten, J. A., Szilagyi, P. G., (2016). The Internationalisation of the RMB: New Starts, Jumps and Tipping Points. *Emerging Markers Review*,

28: 221 -238.

[23] Berentsen, A., Camera, G., Waller, C., (2007). Money, Credit and Banking. *Journal of Economic Theory*, 135 (1): 171 -195.

[24] Bernanke, B. S., (2005). The Global Saving Glut and the US Current Account Deficit.

[25] Bernard, A. B., Grazzi, M., Tomasi, C., (2015). Intermediaries in International Trade: Products and Destinations. *Review of Economics and Statistics*, 97 (4): 916 -920.

[26] Besedeš, T., Kim, B. C., Lugovskyy, V., (2014). Export Growth and Credit Constraints. *European Review of Agricultural Economics*, 70: 350 -370.

[27] Broz, J. L., (1997). The International Origins of the Federal Reserve System. Cornell University Press.

[28] Campa, J. M., Goldberg, L. S., (2005). Exchange Rate Pass -through into Import Prices. *Review of Economics and Statistics*, 679 -690.

[29] Casas, C., Díez, F. J., Gopinath, G., Gourinchas, P. O., (2016). Dominant Currency Pricing.

[30] Chahrour, R., Valchev, R., (2017). International Medium of Exchange: Privilege and Duty. Boston College Department of Economics.

[31] Chaney, T., (2016). Liquidity Constrained Exporters. *Journal of Economic Dynamics & Control*, 72: 141 -154.

[32] Chinn, M. D., Ito, H., (2006). What Matters for Financial Development? Capital Controls, Institutions, and Interactions. *Journal of Development Economics*, (1): 163 -192.

[33] Chor, D., Manova, K., (2012). Off the Cliff and Back? Credit Conditions and International Trade during the Global Financial Crisis. *Journal of International Economics*, 87 (1): 117 -133.

[34] Chung, W., (2016). Imported Inputs and Invoicing Currency Choice: Theory and Evidence from UK Transaction Data. *Journal of International Economics*, 99: 237 – 250.

[35] Čihák, M., Demirgüç-Kunt, A., Feyen, E., & Levine, R., (2012). Benchmarking Financial Systems Around the World. In: World Bank Policy Research Working Paper, (6175).

[36] Cohen, B. J., (1971). Future of Sterling as an International Currency St. Martin's Press.

[37] Committee on the Global Financial System (2014). Trade Finance: Developments and Issues. Bank for International Settlements.

[38] Devereux, M. B., Engel, C., (2002). Exchange Rate Pass-through, Exchange Rate Volatility, and Exchange Rate Disconnect. *Journal of Monetary Economics*, 49 (5): 913 – 940.

[39] Devereux, M. B., & Shi, S., (2013). Vehicle Currency. *International Economic Review*, 54 (1): 97 – 133.

[40] Devereux, M. B., Engel, C., Storgaard, P. E., (2004). Endogenous Exchange Rate Pass-through When Nominal Prices are Set in Advance. *Journal of International Economics*, 63 (2): 263 – 291.

[41] Devereux, M. B., Dong, W., Tomlin, B., (2017). Importers and Exporters in Exchange Rate Pass-through and Currency Invoicing. *Journal of International Economics*, 105: 187 – 204.

[42] Diamond, D. W., Dybvig, P. H., (1983). Bank Runs, Deposit Insurance, and Liquidity. *Journal of Political Economy*, 401 – 419.

[43] Eaton, J., Kortum, S., & Kramarz, F., (2015). Firm-to-Firm Trade: Imports, Exports, and the Labor Market. Brown University, Unpublished Manuscript.

[44] Eichengreen, B., (2011). Exorbitant Privilege: The Rise and Fall

of the Dollar and the Future of the International Monetary System. Oxford University Press.

[45] Eichengreen, B. , Chi t u, L. , Mehl, A. , (2016). Stability or Upheaval? The Currency Composition of International Reserves in the Long Run. *IMF Economic Review*, 64 (2): 354 – 380.

[46] Eichengreen, B. , Flandreau, M. , (2009). The Rise and Fall of the Dollar (or When did the Dollar Replace Sterling as the Leading Reserve Currency?). *European Review of Economic History*, 13 (3): 377 – 411.

[47] Eichengreen, B. , Flandreau, M. , (2012). The Federal Reserve, the Bank of England, and the Rise of the Dollar as an International Currency, 1914 – 1939. *Open Economies Review*, 23 (1): 57 – 87.

[48] Eichengreen, B. , Mehl, A. , (2014). When did the Dollar Overtake Sterling as the Leading International Currency? Evidence from the Bond Markets. *Journal of Development Economics*, 111: 225 – 245.

[49] Fan, H. , Li, Y. A. , Yeaple, S. R. , (2015). Trade Liberalization, Quality, and Export Prices. *Review of Economics and Statistics*, 97 (5): 1033 – 1051.

[50] Feenstra, R. C. , Li, Z. , Yu, M. , (2014). Exports and Credit Constraints under Incomplete Information: Theory and Evidence from China. *Review of Economics and Statistics*, 96 (4): 729 – 744.

[51] Frankel, J. , (2012). Internationalization of the RMB and Historical Precedents. *Journal of Economic Integration*, 27 (3): 329 – 365.

[52] Friberg, R. , Wilander, F. , (2008). The Currency Denomination of Exports Questionnaire Study. *Journal of International Economics*, 75 (1): 54 – 69.

[53] Geromichalos, A. , Jung, K. M. , (2018). An Over-the-counter Approach to the Forex Market. *International Economic Review*, 59 (2): 859 – 905.

[54] Geromichalos, A., Simonovska, I., (2014). Asset Liquidity and International Portfolio Choice. *Journal of Economic Theory*, 151: 342 – 380.

[55] Goldberg, L. S., Tille, C., (2008). Vehicle Currency Use in International Trade. *Journal of International Economics*, 76 (2): 177 – 192.

[56] Goldberg, L. S., Tille, C., (2013). A Bargaining Theory of Trade Invoicing and Pricing. National Bureau of Economic Research. No. w18985.

[57] Goldberg, L. S., Tille, C., (2016). Micro, Macro, and Strategic Forces in International Trade Invoicing: Synthesis and Novel Patterns. *Journal of International Economics*, 102: 173 – 187.

[58] Gopinath, G., Stein, J. C., (2018). Banking, Trade, and the Making of a Dominant Currency. National Bureau of Economic Research. No. w24485.

[59] Gopinath, G., Stein, J. C., (2018). Trade Invoicing, Bank Funding, and Central Bank Reserve Holdings. In: *AEA Papers and Proceedings*, 108: 542 – 546.

[60] Grassman, S., (1973). A Fundamental Symmetry in International Payment Patterns. *Journal of International Economics*, 3 (2): 105 – 116.

[61] Gu, C., Mattesini, F., Monnet, C., Wright, R., (2013). Banking: A New Monetarist Approach. *The Review of Economic Studies*, 80 (2): 636 – 662.

[62] ICC Banking Commission, (2016). Rethinking Trade and Finance 2016: An ICC Private Sector Development Perspective.

[63] Ito, H., Chinn, M., (2013). The Rise of the 'Redback' and China's Capital Account Liberalization: An Empirical Analysis on the Determinants of Invoicing Currencies. *Proceedings of the ADBI Conference Currency Internationalization*: Lessons and Prospects for the RMB, 8.

[64] Jung, K. M., Lee, S., (2015). A Liquidity – based Resolution of

the Uncovered Interest Parity Puzzle. Available at SSRN 2685534.

[65] Jung, K. M., Pyun, J. H., (2016). International Reserves for Emerging Economies: A Liquidity Approach. *Journal of International Money and Finance*, 68: 230 - 257.

[66] Kalai, E., (1977). Proportional Solutions to Bargaining Situations: Interpersonal Utility Comparisons. *Econometrica*, 1623 - 1630.

[67] Kamps, A., (2006). The Euro as Invoicing Currency in International Trade. In: Working Paper.

[68] Krugman, P., (1980). Vehicle Currencies and the Structure of International Exchange. *Journal of Money, Credit and Banking*, 12 (3): 513 - 526.

[69] Lagos, R., Wright, R., (2005). A Unified Framework for Monetary Theory and Policy Analysis. *Journal of Political Economy*, 113 (3).

[70] Lester, B., Postlewaite, A., Wright, R., (2012). Information, Liquidity, Asset Prices, and Monetary Policy. *The Review of Economic Studies*, 79 (3): 1209 - 1238.

[71] Levine, R., Cihak, M., Demirguc-Kunt, A., Feyen, E., (2012). Benchmarking Financial Systems Around the World. In: The World Bank Policy Research Working Paper. No WPS6175.

[72] Liu, Q., Shi, S., (2010). Currency Areas and Monetary Coordination. *International Economic Review*, 51 (3): 813 - 836.

[73] Liu, T., Lu, D., (2019). Trade, Finance and Endogenous Invoicing Currency: Theory and Firm-level Evidence. *Pacific-Basin Finance Journal*, 56: 21 - 44.

[74] Liu, T., Wang, X., Woo, W. T., (2019). The Road to Currency Internationalization: Global Perspectives and Chinese Experience. *Emerging Markers Review*, 38: 73 - 101.

[75] Lotz, S., Zhang, C., (2016). Money and Credit as Means of Payment: A New Monetarist Approach. *Journal of Economic Theory*, 164: 68 – 100.

[76] Manova, K., (2012). Credit Constraints, Heterogeneous Firms, and International Trade. *The Review of Economic Studies*, 80 (2): 711 – 744.

[77] Matsuyama, K., Kiyotaki, N., Matsui, A., (1993). Toward a Theory of International Currency. *The Review of Economic Studies*, 60 (2): 283 – 307.

[78] McKinnon, R. I., (1979). *Money in International Exchange: The Convertible Currency System.* Oxford University Press.

[79] McKinnon, R. I., (1969). Private and Official International Money: the Case for the Dollar. International Finance Section. Department of Economics, Princeton University.

[80] Minetti, R., Zhu, S. C., (2011). Credit Constraints and Firm Export: Microeconomic Evidence from Italy. *Journal of International Economics*, 83 (2): 109 – 125.

[81] Niepmann, F., Schmidt-Eisenlohr, T., (2017). International Trade, Risk and the Role of Banks. *Journal of International Economics*, 107: 111 – 126.

[82] Novy, D., (2006). Hedge Your Costs: Exchange Rate Risk and Endogenous Currency Invoicing. In: Working Paper.

[83] Obstfeld, M., Rogoff, K., (2009). Global Imbalances and the Financial Crisis: Products of Common Causes. In: Working Paper.

[84] Pan, Y., Jeffrey, S., Wing, T. W., Qi, Z., (2014). Mobilising the Financial Sector Efficiently and Safely for Sustaining the Transformation of the Chinese Economy. In: Wing, T. W., Pan, Y., Jeffrey, D. S., Junhui, Q. (Eds.), Financial Systems at the Cross Road: Lessons for China's Choice. *Imperial College Press & World Scientific Press*, 3 – 51.

[85] Qian, Z., Gan, J., Tu, Y., Wang, F., (2019). International

Policy Coordination and RMB Internationalisation: Theory and Historical Experience. *Economic and Political Studies*, 1 – 19.

[86] Rauch, J. E., (1999). Networks Versus Markets in International Trade. *Journal of International Economics*, 48 (1): 7 – 35.

[87] Rauch, J. E., Watson, J., (2004). Network Intermediaries in International trade. *Journal of Economics and Management Strategy*, 13 (1): 69 – 93.

[88] Reiss, D. G., (2015). Invoice Currency: Puzzling Evidence and New Questions from Brazil. *Economia*, 16 (2): 206 – 225.

[89] Rey, H., (2001). International Trade and Currency Exchange. *The Review of Economic Studies*, 68 (2): 443 – 464.

[90] Rocheteau, G., Nosal, E., (2017). *Money, Payments, and Liquidity*. MIT Press.

[91] Rocheteau, G., Wright, R., (2005). Money in Search Equilibrium, in Competitive Equilibrium, and in Competitive Search Equilibrium. *Econometrica*, 73 (1): 175 – 202.

[92] Schmidt – Eisenlohr, T., (2013). Towards a Theory of Trade Finance. *Journal of International Economics*, 91 (1): 96 – 112.

[93] Shi, S., (1997). A Divisible Search Model of Fiat Money. *Econometrica*, 75 – 102.

[94] Trejos, A., Wright, R., (1996). Search Theoretic Models of International Currency, 78. *Federal Reserve Bank of St. Louis Review*, 78: 117 – 132.

[95] Wang, L., Wright, R., Liu, L. Q., (2019). Money and Credit: Theory and Applications. *International Economic Review*, forthcoming.

[96] Williamson, S. D., (2012). Liquidity, Monetary Policy, and the Financial Crisis: A New Monetarist Approach. *American Economic Review*, 102

(6): 2570 – 2605.

[97] Yu, Y., (2013). How Far Internationalization of the RMB can Go. Mimeo. *Chinese Academy of Social Sciences*, Unpublished Manuscript.

[98] Zhang, C., (2014). An Information-based Theory of International Currency. *Journal of International Economics*, 93 (2): 286 – 301.

图书在版编目（CIP）数据

贸易、金融和货币国际化：理论框架和实证证据/芦东，李乐珊，朱莹著. —北京：经济科学出版社，2020.3
ISBN 978-7-5218-1349-4

Ⅰ.①贸… Ⅱ.①芦…②李…③朱… Ⅲ.①国际货币制度-研究 Ⅳ.①F821.1

中国版本图书馆CIP数据核字（2020）第034509号

责任编辑：初少磊
责任校对：刘　昕
技术编辑：李　鹏

贸易、金融和货币国际化：理论框架和实证证据
芦东　李乐珊　朱莹　著
经济科学出版社出版、发行　新华书店经销
社址：北京市海淀区阜成路甲28号　邮编：100142
总编部电话：010-88191217　发行部电话：010-88191540
网址：www.esp.com.cn
电子邮箱：esp@esp.com.cn
天猫网店：经济科学出版社旗舰店
网址：http://jkxcbs.tmall.com
北京季蜂印刷有限公司印装
710×1000　16开　9.25印张　150000字
2020年3月第1版　2020年3月第1次印刷
ISBN 978-7-5218-1349-4　定价：42.00元
（图书出现印装问题，本社负责调换。电话：010-88191510）
（版权所有　侵权必究　打击盗版　举报热线：010-88191661
QQ：2242791300　营销中心电话：010-88191537
电子邮箱：dbts@esp.com.cn）